物叢書

新装版

大友宗麟

おおともそうりん

外山幹夫

日本歴史学会編集

吉川弘文館

大友宗麟画像（京都，大徳寺瑞峰院蔵）

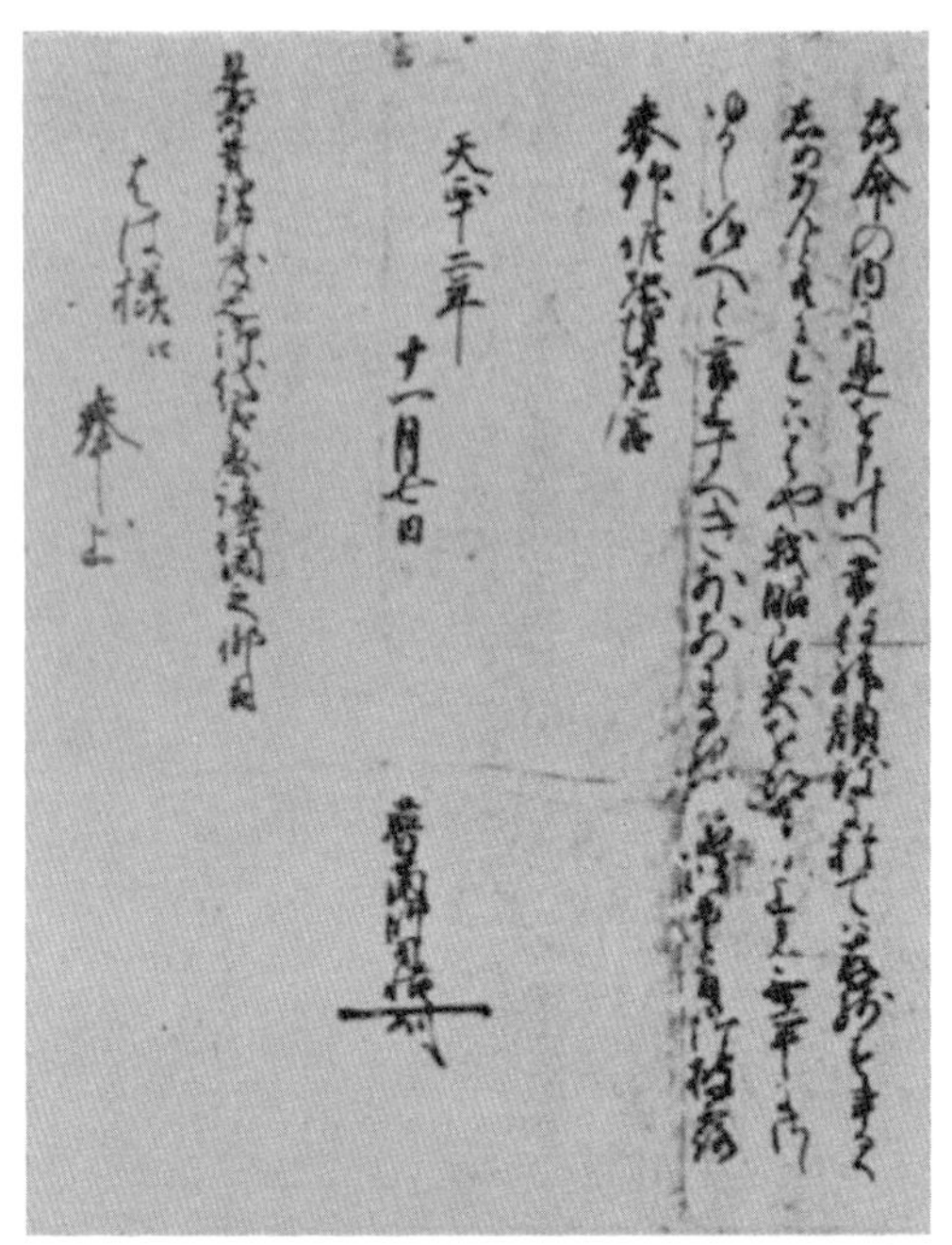

大友宗麟書状（ローマ教皇宛）
（本文 249 ページ参照，京都大学蔵）

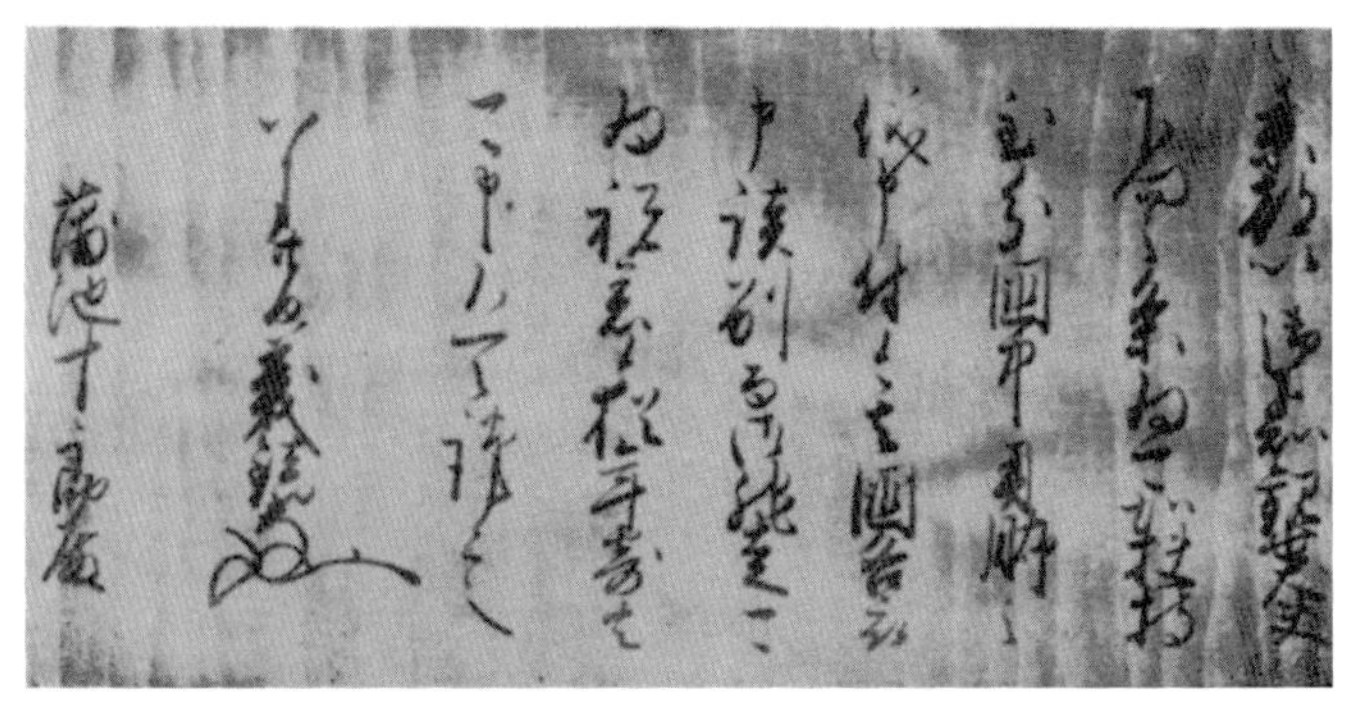

大友義鎮書状（蒲地文書）
（本文 232 ページ参照，広島大学蔵）

はしがき

　およそ戦国大名について我々が持つイメージは、殆んど決って、彼らが好戦的で、武勇に満ち、かつともすれば超人的な能力の持主であるといった極めて類型的で、没個性的なものである。こうした理解は大体江戸時代以来のものであるといってよい。それはともかく、戦国大名相互間の戦闘等に対して多くの興味を持つ人も、さて彼らがどのように領内を統治していたか、或いはどうした社会経済体制に立脚していたか等という、実はその最も基本的な問題に対して、さして関心を払おうとさえしないように思われる。

　さて本書で取り上げる大友宗麟は、豊後の戦国大名として夙に著名であるが、彼についても、先に述べたような英雄豪傑視する見方は例外ではない。しかも彼の場合、キリスト教に入信した結果、そうした「キリシタン大名」という側面が、とかく従来強く意識され過ぎて来た感が深い。しかし彼はキリスト教徒であるより前に、一定の土地と人とを支配した戦国大名である。このことが忘れられてはならないと思う。

これまでにも幾つかの宗麟伝はあるが、本書では特にこうした立場から叙述することに努めた。

しかしいずれにせよ宗麟の生涯は、種々の意味で誠に振幅に富み、波瀾に満ちている。伝記執筆の対象としては興味をそそられる人物である。私は本書でそうした宗麟について、その基本的な問題を中心に据えつつ、なお彼の多面的な性格と行動に即して、多角的かつ正確に叙述し、宗麟の全体像を浮き彫りにしたいと念じている。

なお宗麟とは永禄五年六月末、ないし七月初に入道して以後の法名であり、これ以前の俗体としての名乗りは義鎮（よししげ）である。本書ではこれに従い書き分けることを原則とした。しかし内容の叙述上、必ずしもこれによりえない面があった。また嫡子義統（よしむね）、及びその嫡子義乗は、共に別名があるが、いずれも上記の名乗りに統一して書くこととした。これらの点御諒承頂きたい。

本書はこれまで私のささやかな学問研究を導き、激励して下さった恩師・先輩及び同輩、その他大友氏研究をめぐる多くの同学の方々の支えによって生まれたといってよい。私はさらに今後、大友氏全般についての体系的な研究につとめ、自分なりにわが国中世武家社会についての見通しをつけたいと思っている。

なお本書を刊行するにあたって、直接御世話をいただいた豊田武教授・瀬野精一郎の両氏に、厚く御礼を申し上げたい。また私の勤務先の長崎大学の多くの学生諸君に写真・校正等手伝っていただいた。併せて深甚の謝意を表する次第である。

昭和四十九年十一月十二日

外　山　幹　夫

目次

口絵

挿図

第一　大友氏の発展と義鎮の性格

一　大友氏の出自とその発展

大友氏始祖能直
頼朝落胤説

大友氏は、もと相模国足上郡（時に足下郡に帰属）大友郷（神奈川県小田原市東大友・西大友・延清）を本貫として、同地に興った豪族である。その始祖能直（よしなお）については、古くから薩摩（鹿児島県）の島津氏始祖忠久や、下野（栃木県）の結城（ゆうき）氏始祖朝光等と共に、久しく源頼朝落胤説が流布し、ことに江戸時代においてこの説は、水戸学派等の一部を除いて極めて有力であった。しかし近代に入って太田亮氏（同氏『姓氏家系大辞典』大友氏項）・大分大学渡辺澄夫教授（同氏「豊後大友氏の出自について」『大分県地方史』二四）、及び筆者（外山「中世武家の成立に関する一考察―大友氏の場合―」『日本中世史論集』）等は相次いで同説を否定した。

古庄能成の子

それによると彼は、古庄（ふるじょう）（近藤）能成という一東国武士の実子に過ぎず、たまたま頼朝の腹心中原親能の猶子（家督相続を前提としない仮の親子関係）であったところから頼朝に見出

豊後・筑後両国守護職・鎮西奉行職

された。幼少期の彼は病弱で、しかも眉目秀麗であるうえ、むしろ女性的人物であったらしいところから頼朝の寵を得るに至った。当時の有力史料である『吾妻鏡』に、彼が頼朝の「無双の寵仁」（原漢文、同書、文治四、一二、一七条）であるとか、或いは「常に御座右に候す」（同、同、文治五、八、九条）等とあり、これらからすれば頼朝の愛童であったと想像される。従って彼は単なる関東御家人ではなく、むしろそれ以上の存在であって、こうした頼朝との特殊な関係から、豊後（大分県）・筑後（福岡県の一部）等の守護職の他、少弐氏と共に（或いは養父中原親能以来の）鎮西奉行職にも任ぜられたらしい。もっともこの点、筑後国守護職以外は認めないとする佐藤進一氏の説（同氏『増訂鎌倉幕府守護制度の研究』筑後国項、及び同氏『鎌倉幕府訴訟制度の研究』鎮西探題項）もあるが、おおむね認むべきだとするのが通説化しつつある（石井進氏『中世国家史の研究』一〇三ページ、渡辺澄夫氏「豊後大友氏の下向土着と嫡子単独相続制の問題」『大分県地方史』二五、外山「鎌倉期における大友氏の動向」『歴史教育』一六—一三）。

また地頭職も、先述の本貫地の他、同国三浦長坂郷・上野国（群馬県）利根庄・豊後国国東（くにさき）郡安岐郷諸田名・同国大野庄・肥後国（熊本県）詫磨（たくま）郡西郷神蔵庄・筑後国鷹尾別府等々に亘って多数給与を受けるなど（外山冒頭論文）、多分に特典的地位を与えられた。以後これらの所領・所職の大半は、鎌倉期は勿論、室町期の守護大名期に及んでおり、これらが以後の大友氏一族の発展の上に、大きな基礎をなすものであったことが分かる。

大友泰直、北条時頼に接近

しかし始祖能直が、右のように頼朝と緊密であった事情は、源氏に替わって政権を掌握した北条氏との関係となると、これは逆に裏目に出て、その関係は円滑を欠いたものになったと想像される。しかしこの点三代泰直の時、彼は執権北条時頼に接近して、同氏と同じ平姓を許され、しかもその偏諱（へんき）（二字名の名乗の片方）を得て頼泰と改名するなど、巧みな政治的行動で切り抜け、同氏の発展が阻害されることはなかった（外山「鎌倉期における大友氏の動向」前掲）。のち南北朝期の康安元年（一三六一）、大隅（鹿児島県）・薩摩（同前）両国守護島津道鑑代貴得の申状案（島津家文書）に、

島津道鑑代貴得申状

我が島津氏の先祖豊後守忠久は、去る文治三年九月九日付を以て、日向（宮崎県）・大隅・薩摩の奥三ヵ国の守護職を、また少弐頼尚の先祖武藤資頼は、建久年中筑前（福岡県の一部）・豊前（大分・福岡両県の一部）・肥前（佐賀・長崎両県）の前三ヵ国守護職を、そして大友貞親の先祖で能直の養父中原親能は、これも同様建久年中に豊後・肥後（熊本県）・筑後の後三ヵ国の守護職を得ました。かように勝劣なく、九州を三人

に充行わ(あてが)れてより以後相違ありません。(取意)

とある。これによれば、鎌倉初期以来九州の守護職は、日向・薩摩・大隅の奥三ヵ国を島津氏、筑前・豊前・肥前の前三ヵ国を少弐氏、そして豊後・筑後・肥後の後三ヵ国を大友氏が管するという原則が出来ていたというのである。もっともこれを鵜呑みにするには問題があることは、佐藤進一氏の指摘がある(同氏『増訂鎌倉幕府守護制度の研究』二一二ページ)けれども、この時期島津氏が、大友・少弐・島津の三氏が守護として「勝劣なく」九州を統轄したものであるとの自覚を有していたと見ることはできる。

九州(豊後)への移住土着

こうした大友氏は、先述の頼泰のころから漸次豊後(一部の庶子は肥後・筑後)へ移住土着して行った。大友氏に限らず、関東御家人の東北や、中四国・九州への移住は、他に筑前の少弐氏、肥後人吉の相良氏、薩摩入来院の入来院氏、中国の毛利氏等多くの例がある。これら関東御家人の移住の契機については、幕府の指令による移住であるとする説(朝河貫一氏『入来文書』英文の部一八ページ、瀬野精一郎氏「鎮西における東国御家人」『日本歴史』一六七・一六八)もあるが、筆者はこれと異なり、むしろ彼ら自身の自主的な発意に基づくものであったと考えている(外山「鎌倉御家人の移住について」『日本歴史』二五六)。それはまず鎌倉幕府

自主的移住

は、御家人等にその各本貫を棄てて移住を命ずる強権を発動しうるほどの封建権力ではなかったこと。また移住した武士団に、移住の時期に何ら法則性が認められず、移住時期は各武士団ごとに異なるばかりか、一個の武士団にあっても、惣庶相違して一致していない。また鎌倉時代については、比較的法制史料の残存率が高いが、これらを渉猟してみても、幕府が御家人等に移住を命じたことを示す史料は全く認められない。なお文永八年（一二七一）九月十三日付を以て、幕府はモンゴルの襲来に備えるため、鎮西に所領を有する（関東）御家人に対し、その鎮西の所領に下向することを命じたことはあるが（小代文書・二階堂文書）、これは移住を命じたこととは別問題である。

さらに平家残党追討の目的から、幕府が御家人に移住を命じたとの説もある。もっともであるが、しかしそれでは現実の移住が、むしろ平家残党追討後とみられる鎌倉中期以後に集中的に行われていることの説明が出来難くなる。

以上のことから移住は幕府の命によるものでなく、御家人の自主的発意によると思われるのである。ことに大友氏は、先述のように頼泰が北条氏との関係調整に努め、或る程度これに成功したものの、なお不安は解消していなかった。大友氏は北条氏によって滅亡を受けた和田氏及び三浦氏とは幾分血縁関係があり、彼らの滅亡を目前にして、北条氏の下から逃避すべく、守護管国で、かつ多くの地頭職の給与を受けていた豊後に、新天地を求めて移住したものとみられるのである。在地領主の中には、移住以前から初代能直を主君と仰ぎ、自らその支配下に入ろうとする者も少なくなく(詫磨文書)、こうしたことから、ついに頼泰頃の大友氏が九州移住を決意したものと思われる。

九州に新天地

こうした移住は、その結果からみても誠に好都合であった。関東に残留した武士の多くが、ひしめき合って互いにその発展を牽制阻害し、また経済的にも苦境に陥っていたのを尻目に、志賀・詫磨・田原の三大庶家を初めとして、多くの一族庶家を創出し、取り遅れた九州を経済的基盤としていた事情も加わって、円満な発展がもたらされた。

鎌倉幕府倒壊後の建武政府、そして引き続く室町幕府下にあっても、大友氏はほぼ豊後守護職を世襲することに成功し、時に肥後・筑後、その他の守護職を加えるなどして、先述のように少弐・島津氏と並んで九州をほぼ三分して守護大名への道を進んだ。もっとも守護大名期にあっては、一族の惣領制的結束が崩れ、惣庶対立し、惣領家はまた内部で家督継嗣をめぐる内紛を惹起していた(外山「守護大名としての大友氏の性格について」『ヒストリア』一八)。この間惣領大友氏では、氏時の子の氏継・親世の両統が迭立して家督(守護職)を継承するなど(渡辺澄夫氏「豊後大友氏の下向土着と嫡子単独相続制の問題」前掲)、内部の矛盾対立から低迷し、一族の結束と、これを前提とする対外的発展が阻害させられる面が少なくなく、守護領国制の展開は渋滞を極めた。しかもこの間、中央における応仁の乱後の余波を受けて、足利義視とその子義材を支持する一七代家督義右は、足利義政派の実父政親によって、明応五年(一四九六)毒殺され、ついで政親自身も豊後を脱して筑前立花城(福岡県粕屋郡)に逃れるところを、義右の義父大内政弘の子である義興の手の者によって捕えられ、自刃を余儀なくされるという悲劇的事件もみられた。

大友義右の毒殺

御所之辻合戦

しかしその後、義右の跡を嗣いだその叔父親治は、この事件の直後、御所之辻合戦を通じて不穏分子の鎮圧に成功するなど、優れた手腕を発揮した。一方足利義材は流浪の末、大内義興の庇護を求めて周防に逃れた。このため将軍義高は、親治を初め、少弐資元・菊池武運・阿蘇大宮司等に、義材及び義興の攻撃を命じた。これらのことから周辺領主の大友氏家臣化が著しく進行した。ついでその子義長は、永正期に入り、親治の後見のもとこれらをさらに推進し、戦国大名化の道を進めた。そしてこの基礎の上に立って、内政面については後述する方分制、及び諸奉行・検使等による領国支配を充実せしめた。さらに永正十二年（一五一五）、領国統治に関する大友氏最初の分国法であるいわゆる「大友義長条々」を発布するなどのことをした（後述）。また対外的には小領主の割拠する筑後を征し、また肥後に対しては、菊池氏に対して種々画策するところがあった（後述）。

「大友義長条々」

この義長の治世を継承発展させるのが義鎮の父義鑑である。もっとも彼の人柄については、義鎮の回顧によると、後述のように彼は豊後にたまたま入港した中国船の乗員の勧めに従って、これに便乗して来たポルトガル人を殺害して、その財宝を奪おうとして義鎮に諫止されたとある。また後述のように義鎮に替えて庶長子塩市丸を嫡子に立てようとして二階崩の変を惹起し、自ら傷つき横死を遂げるなどのことからすれば、必ずしも思慮深い人物ではなく、むしろ恣意性の強い、直截的な人柄が推測される。それはともかく、義鎮はこうした鎌倉期以来の伝統的な家筋と、父義鑑の下に出生したのである。

二　義鎮の出生とその身辺

生年

義鎮は義鑑の長男として享禄三年（一五三〇）、豊後府内（大分市）に生まれた。もっともこの享禄三年出生説については、他に大永七年（一五二七）出生説を出す『雉城雑誌』『豊府紀聞』等の異説がある。しかし『雉城雑誌』自身、義鎮の卒去を天正十五年（一五八七）、五十八歳であるとし、結果的に享禄三年説を裏付けるなどの矛盾があり、採用し得ない。享禄三年中の月日については、これを先の大永七年説を含めて正月三日（『大友家文書録』『雉城雑誌』、その他）とするものと、五月四日（常楽寺蔵「大友氏系図」、その他）とするものとがある。近代に入っては殆んどこの正月三日説といってよい（「大分県被贈位者略伝」、田北学氏『大友史料』一一ページ、白水甲二氏『きりしたん大名大友宗麟』二九八ページ、その他）しかしこれはいずれとも断定し得ない。歴史上の人物を粉飾する場合、これを元旦誕生等とするものが往々にしてみられるところである。彼の場合、さすがに元旦ではないにしても、正月三日誕生説はいささか作為が感ぜられ、後者の方がより自然であるが、決定的なことは不明である。

生母

生母については、これも大きく両説に分かれる。まず群書類従本「大友氏系図」を初めとして、大友氏系図の多くは、京都の公家坊城氏の女であるとする。しかし山口の大内氏の側の『大内氏実録』や、「大友氏系譜」（『豊州雑誌本』）等大友氏系図の或るものは、大内義興（よしおき）の女（むすめ）であるとする。ところが、大友家蔵の「大友氏系譜」には、「母は坊城藤原氏、実は伏見宮貞常親王の女」（原漢文）としている。

これまた今日、そのいずれとも断定するに足る決定的史料を欠いており、真相は判明し難い。ただ宿敵大内氏との間にも、政略によって通婚したことは先例のあるところであり、義鑑が義興の女を妻としたとしても決して不思議ではない。しかし一方鎌倉期以来の伝統的な名族を誇る大友氏は、戦国期に至って俄かに台頭して来た新興の大名とは異なり、その思考行動には革新より、むしろ保守を尚ぶ家風が流れており、朝廷や幕府将軍への接近は、他大名よりは一層強く行われたようである。現に義鎮の長姉も土佐への亡命貴族一条房冬に嫁しており、また重臣田原紹忍も、その養子は京都の公家から迎えていたくらいである。してみれば坊城氏の女を得ていた可能性も棄て切れない。

ただ義鎮の母を坊城氏とする大友氏の系図にも、右の一条氏室となった長姉について、その母は大内義興の女としており、やはり大内義興の女が義鑑に嫁していたことは否定し難いようである。とすれば、右のように記しつつも、なおこれと同一系図で、義鎮の母をこれと同一人物（義興の女）とせず、敢て坊城氏の女としていることは、やはり義興の女でなかったことを示すものではあるまいか。大内義興の女が義鑑に嫁して一女を挙げたことから、これを拡大してさらに義鎮の生母ともなったという憶説が、大内氏筋あたりから生み出されたものではないかと推測される。しかしこれは、あまりに系図自体に捉われた理解であるかも知れない。

杉山氏説

『戦国大名』（中央公論社刊）の著者杉山博氏は、二階崩の変の勃発を、義興の女を母とする義鎮を廃嫡することによって、背後の大内氏の勢を排除しようとして起きたとの憶説を提示された。これも傾聴すべき一つの見解であるが、然りといって断定的なことはいえない。やはり決定的なことは不明というより他はない。まして坊城氏というのは作為であって、実は伏見宮の女であるとの異説のあるにおいておやである。ともかく、出生は謎に包まれている。

幼名塩法師丸　将軍足利義晴から偏諱を得

幼名塩法師丸。天文八年（一五三九）元服し、五郎と称した。時に十歳のことである。翌九年六月、これより先将軍足利義晴に偏諱（へんき）を請うていたが、この月義字を得て義鎮と名乗った。この時期に至っても、なお伝統と権威を重んずるいかにも大友氏らしい流儀である。宗麟とは、のち永禄五年（一五六二）入道して得た法名であり、この点後述する。

兄弟

兄弟についてみると、まず彼の次弟に塩乙丸、そして末弟に塩市丸と、二人の弟が居た。塩乙丸は元服して通称八郎、そして晴英と名乗った。大内義隆滅亡後の天文二十一年（一五五二）、同家の名跡を嗣いで大内義長と改名したが、弘治三年（一五五七）毛利元就に討たれたことは後述の通りである。この塩乙丸は義鎮と同母であったらしいが、末弟塩市丸は異母弟である。このことが二階崩の変の起因となったことは後述する。塩市丸はこの変で凶刃に倒れ、悲劇的な死を遂げる。

兄弟姉妹七人

なおこの間、さらに四名の姉妹がいる。このうち長姉は、長じて先述のように土佐の一条房冬に嫁した。次姉はこれも長じて伊予の河野宗三郎通宣に嫁した。また二人の妹が知られるが、いずれも二階崩の変で塩市丸及び実母と共に斬殺された。

以上のように義鎮には、その生母の他、少なくとも二人の異母があり、そうした異母兄弟合わせて都合七人であった。ともかく戦国の常として、義鎮もまた例外なく、こうした複雑な家庭に生まれ、そして成長した。

三　相違する義鎮の人物描写

義鎮についての描写

義鎮の人物については、従来毀誉褒貶がまことに著しい。まず明治以降において、義鎮はどう受けとめられているだろうか。たとえば旧制臼杵中学校教諭久多羅木儀一郎氏が、小・中学生を主対象として著した『大友宗麟公』(昭和十一年刊)に序文を寄せた大分県北海部郡教育会長板井市五郎氏は、この中で、

「義鎮は怪傑・名君」

> 怪傑宗麟公は、四百年に近い大友氏歴代中の名君で、世にも稀なる武将であり、外国貿易の先駆者であり、且つ文化建設の功労者であった。

と述べている。義鎮を「怪傑」「名君」とし、「世にも稀なる武将」として、不世出の人物だというのである。明治以後今日の者が、およそ義鎮をどう見ているかを示す一例であろう。なるほど江戸時代元禄年間の著である『豊府紀聞』には、彼の領国統治に触れて、「政道理に合い、国を治め民を服す」(原漢文)として賞揚している。さらに、

『豊府紀聞』

> 天文十九年冬、筑後星野・蒲池等大友に叛す。時に義鎮甚だ怒る。(中略)天正六年土持豊後に背き、志を島津に通ず。故に宗麟大いに怒る。(中略)天正六年戊寅九月、入道宗麟諸臣に謂いていわく、我屡交戦して勝利を得ざること無し。既に鎮西七州を攻め抜き、名を日域の天に震う。(原漢文)

等としている。これらの記事から察すると、義鎮は極めて精力的、かつ好戦的な独裁君

主たるの感を与えられる。今日の義鎮像は、大体こうした描写の影響を受けたものである。

ところが同じく江戸時代に著された他のわが国の諸書には、特に彼の私行について痛烈な非難を加えたものが少なくない。たとえば『陰徳太平記』は、大要次のような話を記している。

『陰徳太平記』

大友義鎮は、治世の当初は施策宜しきを得て、領内の者から広く親しまれていた。しかし武威九州を掩うに及んで、ようやく心に隙を生ずるに至り、やがて年若い美女を領国内外から求め、酒池肉林に溺れた日々を送るようになった。このため一族・家臣は皆眉をひそめる有様であった。時に重臣戸次鑑連(べつきあきつら)は義鎮に諫言すべく機会を窺っていたが、容易に対面もかなわなかった。そこで一計を案じた鑑連は、美しく着飾らせた女房を多数集めて城中へ送り込み、踊らせたりなどした。不審に思い最初警戒していた義鎮も、度重なるその催しに、ついに見物のため姿を現わした。輿に乗った義鎮が上機嫌になったのを確かめた鑑連は、突然威儀を正し、誠に恐れ多いことながらと前置きして、昨今の御振舞は家を絶し国を崩す基である、と涙を流して諫言した。これを聞いた義鎮は、唯今の諫言は一々もっともである。以後は素行を改めようと答え、鑑連を安堵させた。しかしこれも一時のことに止まり、その後も依然義鎮の遊興は止まなかった。そればかりか、家臣服部某の妻が九州一の美女であることを知るに及んで、義鎮はこの服部某を近習の者に命じて殺害させたうえ、その妻を奪い取り寵愛するに至った。（取意）

『大友記』

この他、『大友記』もほぼこれと似た内容の記事を載せている。これらに描かれた義鎮像は、まことに好色の人物で、忠臣戸次伯耆守鑑連の諫言もさして効果はなく、家臣の妻にまでその手が及ぶ暴君ということになっている。家臣の妻を奪ったとすることについては、他にも傍例がある。義鎮から非常な期待を受けて、毛利氏への対抗上、筑前宝満（福岡県筑紫野市付近）・岩屋（同太宰府市）の両城を授けられていた高橋鑑種（あきたね）が、永禄九年（一五六六）十一月に毛利氏に内応して義鎮に叛いたが、これを記す『高橋記』によると、

『高橋記』

鑑種、余リニ驕（おごり）テ、大友ノ御恩ヲ背キ、秋月種真（ざね）（種実。福岡県甘木市野鳥の古処山城主）・龍造寺隆信（肥前、佐賀城主）ト云合、芸州（毛利氏）ト一致シテ豊州ニ敵ヲナス条有レ謂（いわれあり）。其子細ヲ委（くわし）ク尋ヌルニ、舎兄一万田殿妻女無双ノ美人也。御屋形、是ニ御心ヲ移サ

レ、御身ニ随ヘラレンカタメ、方便て誅セラル。依レ之遺恨、動モスレハ、被レ含二逆意一ノ由ニ候、然時ハ、御屋形ノ御違ニテ、国家ノ乱劇ハ他ヨリ不レ来者也。

とある。いずれも降った江戸時代の著作であって、内容がどこまで信頼しうるか問題である。彼が万事にわたって興味を示し、京都からも学芸に練達した人を招致したことは後述の通りである。こうした点等からすれば、彼の女色も全く根拠のない事とも思われない。しかしこれが事実であったとしても、それはあくまで私行に関するものであって、当時の戦国大名には或る程度共通したことであったともいえる。だが永禄九年（一五六六）から同十三年（元亀元、一五七〇）に亘る高橋鑑種の執拗な敵対行動が、若し右の通りその舎兄一万田弾正忠親実の妻を彼が奪い、しかもこれを「七妾之最」（『鎮西要略』）としたことに起因するとすれば、これは単なる義鎮の私行の問題であるとして看過することは出来難いといわねばならない。

江戸初期に著わされたわが国の諸書が、このような義鎮の私行を暴露する記事を載せているのに対して、イエズス会の宣教師や修道士等の描く義鎮像はこれと全く逆である。ここに記される義鎮は、敬虔にして慈父の如き愛情をこれらの会員や信徒等に示す、正

ルイス＝フロイスの書簡

に理想的な東洋の君主として描かれている。たとえば天正六年（一五七八）九月十六日付で、ルイス＝フロイスが臼杵からポルトガルのイエズス会の宣教師及び修道士に宛てて発した書簡を、格調高い村上直次郎博士の訳文によってみてみよう。

当豊後の王は今四十八、九歳なるが、日本に在る王侯中最も思慮あり、聡明叡智の人として知られたり。始め一、二箇国（豊後・豊前）を有するに過ぎざりしが、今五、六箇国（豊後・豊前・肥後・筑前・筑後・日向）を領し、その保有に心を尽し、ほとんど戦ふことなくしてこれを領有し、また統治せり。彼は日本において我等に好意を示したる最初の王にして、当地方のコンパニヤ（イエズス会会員）の父のごとし。而してパードレ（宣教師）およびイルマン（修道士）等がその領内に居ること二十七年なるが、たえず領内において我等を庇護せるのみならず、不幸に遭遇せる際我等を保護し、パードレ等の求に応じて免許状を交付し、またパードレ等がデウスの教を弘布せんと欲する都、その他異教徒の諸国の王侯大身等に書簡を贈り、教化の事業を援助せんことを請ひ、また好意を得んため進物を贈れり。

として、義鎮賞賛の言葉は尽きるところがない。こうした筆致は彼らの描くところ皆一致しており、しかも天文二十年（一五五一）のザビエルとの接触から、義鎮病没の天正十五年（一五八七）まで終始一貫している。何分キリスト教に好意を寄せた義鎮についての描写であるだけに、それが甘いものとなったのは当然である。しかしその点を割引きしても、随分高い評価を彼らから受けているといわねばならない。しかも義鎮と時間的・空間的に接近していた彼らの描写だけに、かなりビビッドであって、史料価値は高いとみてよい。

義鎮は病弱

なおまた天正十一年（一五八三）の彼らの年報によると、

フランシスコ王（義鎮）は元来体質が虚弱で、且老年であり、屢々病むため、彼の生存の希望は漸次減少して行く。

として、意外にも虚弱体質の人物であったとする。先の『豊府紀聞』に見た義鎮像と、いかに相違していることか。

以上のことから、筆者は本書の中で、内外の史料を通じ、できる限り事実に近い義鎮像を追求してみたい。

四　二階崩の変と父義鑑の横死

二階崩の変

『九州治乱記』

義鎮は先に述べたように、九州の雄族大友氏二〇代義鑑の長男として生まれた。しかしその家督の地位は、容易に彼の手中に帰したのではなかった。天文十九年（一五五〇）二月に起きた二階崩の変がそれで、義鎮としてはこれが生涯における最初の大きな試練であったといわねばならない。この事件について、『九州治乱記』は大要次のようにいう。

かねて義鑑は、嫡子義鎮を軽んじる反面、その異母弟である末子塩市丸を、その実母に対する寵愛が深かったこともあって殊に愛し、ゆくゆくはこれを嫡子に挙げて、家督を嗣がせようという心算であった。

一方塩市丸の実母もまた年寄入田丹後守に、塩市丸を惣領に推すよう頼むところがあった。そこで入田氏は、時折義鑑の前に進み出ては、塩市丸は聡明英智の人物で、他にこれに優る兄弟は到底居られません、などと吹聴した。これは義鑑の意に叶う発言であったため、いよいよ義鑑は塩市丸を次の家督とする決意を固めるに至った。

そこで天文十九年秋（実は春）、義鑑は年寄の斎藤播磨守・小佐井大和守・津久見美作守・田口玄蕃允（実は新蔵人）の四名を近くに召し、義鎮に替えて塩市丸を家督にしたいと諮った。ところが四名の者は皆一様に驚き同意せず、これは乱世の基である旨を答えた。義鑑は憤然として座を蹴って退出した。

その後再び義鑑は四名の年寄を招いた。津久見・田口両氏は仮病を装い出頭しなかったが、何の疑いもなく赴いた斎藤・小佐井の両人は、義鑑の密命を帯びた近習の者によって討ち取られてしまった。これを知った津久見・田口両氏は、いずれ自らも殺害に遭うであろう。それならば坐して待つよりは、ということで急ぎ義鑑の館に赴き、津久見氏は塩市丸とその母を、そして田口氏は義鑑をそれぞれ殺害した（実は重傷を負わせたに止まる）。しかしこの両人は、駆け付けた者達によってたちまちそこで討ち取られてしまった。（取意）

この他、『大友興廃記』『大友記』『豊筑乱記』等、この事件を記すものは少なくない。これらを総合すると、右の『九州治乱記』には、事件発生が先述のように天文十九年（一五五〇）二月であるところを秋とするなど、記事に誤りがあるものの、ほぼいずれも大同小異である。

『大友記』

『大友記』では、義鑑が義鎮に別府に湯治に行くことを勧め、彼がこれに従って赴いた留守中年寄等に内意を打ち明け、義鎮の廃嫡と三男塩市丸の家督決定に賛同を求めたなどとしている。

一旦義鎮を嫡子に決定しながら、この頃に至って何故義鑑が義鎮の廃嫡を計り、替わりに塩市丸の嫡子嗣立を狙ったのか、真相は不明である。この点について『豊筑乱記』

『豊筑乱記』

は、義鎮の人物に触れて、

一体嫡子義鎮は才能豊かな方ではある。けれども何事につけ心の儘に行動され、家臣の諫言も一向に聞き入れようとはされない。そのため家臣等もその心を計りかね、怖れるばかりであった。義鎮公の治世になったら如何なる事態になるか計り難いなどと噂される有様であった。義鑑はこうした義鎮の振舞を遺憾に思召されたのではあるまいか。(取意)

として、義鎮の放縦恣意な性格にたまり兼ねた義鑑が、已むなく断行するに至ったとする。いずれにしろ、この父子に溝のあったことは否定し難いが、後年義鎮が若年の頃を回顧して修道士に語ったこととして、ルイス＝フロイスの記すところによると、

予(義鎮)十六歳にして父王とともに府内の市に居りし時、(中略)その頃府内に近き港に中国人の小ジャンク船一艘入港し、六、七人のポルトガル商人彼等とともに来

義鑑、ポルトガル人を殺害せんとす

れり。そのうち重立ちたるはジョルジ＝デ＝ファリヤと称する富人なりき。ジャンク船の航海士は中国人にして異教徒なりしが、わが父に説きて、労することなくしてよき捕獲をなさんと欲せば、かのポルトガル人を殺すことを命ずべし。然らばその財産を引渡すべしと言へり。予は父が慾心に動かされて中国人の献策を実行せんとしゐたるを聞き、父のもとにいたりて、単に慾に動かされて、罪なくまた理由なきにその庇護の下に領内において貿易をなさんため遠方より来れる外国人を殺すべきにあらず、予は決してかくのごときことに同意せず、彼等を保護すべしと述べたれば、彼等に対する悪事の計画は実行すること能はざりき。

とある。これが事実であれば、先の『豊筑乱記』とは全く逆で、単に強欲一方の義鑑に対し、義鎮は貿易の利に着目してもいたのか、極めて思慮深い人物であったことが推測される。いずれにしろこの一件は、義鎮父子の人柄の相違を浮き彫りにするものであろう。義鑑が義鎮を疎外したのも首肯される。しかしこの間、前掲の『九州治乱記』の記すように、塩市丸の実母が塩市丸を嫡子たらしめるべく、佞臣入田丹後守と提携して、義鑑に対し画策したことは、当時の関係文書からしても疑問の余地がない。なおまた先述のように、杉山博氏は、義鎮の母が大内義興の女であったことから、大内氏の勢力を排除すべく義鑑が打った策ではないかとされる。また渡辺澄夫氏は、事件直後義鎮が田北氏に与えた感状に「津久見美作守・田口新蔵人、慮外之企、無二是非一候、（まことに心外千万の企である）」として、義鎮が賞揚すべき筈の人物を謀叛人と見做し、また義鎮の事件処理があまり水際立っているのは、却って義鎮自身が仕掛けたものではないかと憶測されている（同氏『大分県の歴史』一一四ページ）。事件はこれも確かに謎めいて複雑なもののあることは、後述のように、家督継嗣後も数年の間、義鎮の地位が容易に安定しなかったらしいことからも窺われる。ただ事件直後義鎮は、戸次伯耆守鑑連・斎藤右衛門尉鎮実等の重臣に擁せられ、これらの力を背景にして重傷の父に迫り、自らを家督とするとの承認を取り付けたものと思われる。そしてこうした父子間の溝が解消されたことを強調する限りにおいて、義鎮のためを思い義鑑に深手を負わせた津久見・田口の両氏は、却って〝謀叛人〟として扱う必要があったのではあるまいか。義鑑が義鎮の家督継嗣を承認したことについては、次に示す彼が卒去当日に認めた置文に、義鎮を名指して訓誡した条項のあることからも分かる。一方塩市丸擁立派の主謀ともいうべき入田丹後守は、こと成らず、失意のうちに義父である阿蘇惟豊を頼って肥後に落ちた。しかし事情を知った惟豊はその不忠を怒り、却ってその首を討ってこれを豊後に送った。首は獄門に晒されたという。義鑑親子の惨劇が、大友氏館の二階の間で行われたことから、これを二階崩の変といっている。義鑑は時に四十九歳であった。卒去の直前、義鑑は次のような領国統治に関する置文（おきぶみ）を認めた。

義鑑の置文

（袖判）（義鑑）
条々 天文十九、二、十二

一、国衆と加判衆一意（協力）の事。
付けたり、奉行の事。
田北大和守
一万田弾正忠
臼杵四郎左衛門尉
吉岡越前守
小原四郎左衛門尉

一、重書（重要文書）ならびに日記箱の事。

一、当国別して治世覚悟を入るべき事。

付けたり、分国所々の事。

一、上下共に邪正の儀、能々糺明あるべき事。

一、日田郡の事、先ず以て今の如くたるべき事。

一、立花城取るべきや否やの儀、能々思慮あるべき事。

一、筑後国上下（筑後国の東部が上、西部が下）の間において、一城覚悟（格勤の宛字、しっかり確保すること）あるべき事。

一、当方と大内間の事、ますく無二（親密）の儀、然るべき事。

一、当方の立柄、前々の如く相違なく申付けらるべき事。

一、拵物（こしらえもの）衆の儀者、義鎮能々分別を以て相定むべき事。

一、加判（年寄）衆の儀は、六人たるべき事。

付けたり、紋（一族・譜代）の衆三人、他姓（国人）衆三人の事。

以上。

（原漢文、大友文書）

義鎮嗣立
豊後・肥後両国守護職

義鑑と義鎮との関係は、先述のように冷却したものであったから、置文としても、義鎮に対する綿々たる訓戒といった感は薄く、むしろ格式張った領国統治上の基本的ありかたを示した内容との感が深い。「治世覚悟を入るべし」とか、「邪正の儀、能々糺明あるべし」等と記すが、当時の義鎮としては、誠に空々しい響きを以て受け止めたに相違ない。この直後に義鎮は嗣立した。これに伴い父の帯した豊後・肥後両国の守護職も将軍から安堵された筈である。しかしその三年後の天文二十二年(一五五三)閏一月、たまたまイエズス会の宣教師バルテザル＝ガゴが山口から府内に到着した際も、服部右京亮・一万田弾正忠・宗像民部少輔等三名の大身が義鎮殺害の目的で叛き、このため府内は大騒擾に陥って(ルイス＝フロイス『日本史』)、余燼はなおくすぶっており、地位は容易に安定をみなかったらしい。その治世の開始は、誠に波瀾に満ちたものであったといわねばならない。時に義鎮は二十一歳であった。

第二　領国の拡大

一　筑後への進出

さて治世を開始した義鎮の当面する問題は、内政の整備と対外支配の推進であったとみられる。ここでは後者の問題について、周辺諸国への発展といった点からみてみよう。

能直、筑後守護職

まず筑後国についてみると、すでに古く建永二年（一二〇七）ごろから大友初代能直が筑後国守護職を得たことが知られるが（上妻文書）、これ以来豊後以外でこの国は、最も早くから関係を有した国であるといえる。

筑後は中小領主

こうして大友氏は、鎌倉期から同国の三原氏等に対して種々働きかけるところがあった（三原文書）。同国に対する大友氏の介入支配が、室町期の比較的早期から容易に展開し得たことは、こうした守護職獲得維持を軸とする大友氏の画策にもよるが、同時にこの国では大領主の出現がみられず、殆んど中小領主であって、しかもこれらが互いに牽制

「筑後国領主付」

競合し合っていた事情が考えられねばならない。

室町以降において、大体歴代同国守護職を世襲したことは先述の通りであるが、こうした事情を反映して、この下級機関として守護代・郡代等が任ぜられているなど、この国に対する大友氏の支配体制は、比較的整備したものとなっている。その詳細については後にゆずる。

筑後国におけるそうした大友氏配下の小領主として、『太宰管内志』所収の「筑後国領主付」によると、天正六年（一五七八）当時、

三池総介居城（上或いは下脱カ）　三池今山
田尻中務居城　山門高尾
田尻左京居城　山門郡飛塚
蒲池弾正居城（和或いは隅脱カ）　山門郡柳川
津村大介居城　三潴郡津村
江島遠江守居城　三潴郡江島

（中略）

五条七郎右衛門居城　上妻郡矢部栗原城
黒木兵庫居城　上妻郡猫尾城
谷川新三郎居城　同郡谷川城
辺春勘解由居城　立花城
豊饒美作守居城　□(上妻カ)郡兼松城
上妻越前居城　□(上妻カ)郡山崎

（中略）

蒲池勘解由鎮行・親冬・鑑冬五百四十町
田尻中務入道三百廿八町
草野右衛門佐六百七十六町八段
黒木兵庫宗実六百四十六町七段
三池弾正少弼二百五十町
川崎出羽守宗門二百五十町
高良山座主良寛五百八十町

豊饒大蔵大輔五十町
溝口常陸介五□町
辺春式部少輔十一町三段半
針原源四郎十六町
溝口弥十郎五町
豊饒左馬太夫十町
斎藤三河守十三町五段
（中略）
木室又兵衛六町
江島太郎廿三町三段
麦生民部大輔廿五町
菅四郎次郎十二町七段
楢原左京二町
水田藤四郎六町五段

（下略）

とある。これは同年十一月日向耳川合戦（宮崎県日向市）で大友軍が島津軍に大敗を喫する直前の、いわば大友氏全盛期における筑後の領主の姿を示すものである。これには各領主の居城と、その知行高とを併記しており、記載様式にやや不統一な点があるが、当時の領主の姿をほぼ正確に伝えているものと思われる。紙面の都合から、全てについて記すことができないのが遺憾であるが、全部で三三ヵ城が記されている。この中には筑後に本貫を有するものの他、兼松城（福岡県八女郡）主の豊饒氏の如き、豊後出身で当国に進出して城主となっているものもある。豊饒氏は室町期、筑後守護代を世襲した前歴を有する。彼らの知行高をみると、草野・黒木氏等のように六〇〇町余りを領する者も稀に居るが、大半は数十町程度であるに過ぎない。

豊後の領主筑後に進出

日和見な行動

こうした小領主であるため、彼らは周囲の状況に応じて極めて日和見な動きを示した。義鑑治世の初期に当たる大永四年（一五二四）暮、筑前秋月（福岡県甘木市）の秋月種成が周防大内氏の臣陶美作守と提携して義鑑に叛いたが、この際彼らは殆んどこれに追随する有様であった。義鑑は田北親貞を討手に差し向けて種成を降し、彼らを帰服せしめた（『筑後国史』、その他)。こうして義鎮の治世に至ると、この勢威を憑んで彼らは殆んど配下に来り、静謐に帰することとなった。しかしのち天正六年(一五七八)、大友氏が日向耳川に大敗し、秋月・龍造寺氏等が叛き出すと、たちまち彼らもこれに同じ、叛するに至る。そうした在地領主のうち、比較的大友氏に忠誠を抽んでたものは問注所氏と、高良山座主であろう。よって義鎮の嫡子義統は、後年問注所統景を特に同紋衆に加えてこれに報いた(問注所文書)。

二　菊池氏への画策と肥後支配

阿蘇氏

室町・戦国期の肥後において注目される豪族は、阿蘇・相良・菊池の三氏であろう。まずこのうち阿蘇氏は最も古く、阿蘇郡にあって自然崇拝の対象として尊ばれていた阿蘇火山の神霊を健磐龍命とし、自らはその後裔と称して同郡を中心に勢力を扶植し、大和朝廷下で国造に任ぜられるなどのことがあった(杉本尚雄氏『中世の神社と社領』六ページ)。その家督は、こうした阿蘇宮の大宮司職を世襲し、多くの荘園を領有知行したが、やがて南北朝以降武士化の方向を進め、封建領主化の道をたどるのである。

相良氏

また相良氏は、もと遠江国（静岡県）相良庄を本貫とする東国御家人であるが、「相良氏系図」『相良家譜』によると、鎌倉初期の建久九年（一一九八）頼景が肥後に下向し、嫡子長頼は球磨郡に、二男宗頼は山鹿郡に、三男頼平が玉名郡にそれぞれ住したとする。この年時その他についてはいささか問題を残すが、いずれにせよ大友氏同様、関東からの「下り衆」であることに変わりはない。以後これらの所領を基礎に在地領主制を進め、室町以降戦国大名化の方向を進めたのである。

菊池氏

さらに菊池氏は志方正和氏の研究（同氏「菊池氏の起源について」『熊本史学』一五・一六）によると、大宰府々官として中央から下向した藤原蔵規の裔とみられ、肥後菊池郡隈府（熊本県菊池市）に本拠を置いて武士的発展を遂げた。しかし源平抗争期に、菊池隆直がその主と仰ぐ平家から一旦源氏方についたものの、返忠（元のさやに収まること）して平家方についたため、隆直は幕府成立後処断され、以後同氏は鎌倉期を通じて冷遇され続けた。菊池武時が鎌倉末に打算を抜きにして、鎮西探題北条英時を急襲したのは、こうした事情から十分首肯しうるところである。その後南北朝期には、九州における南朝方の最も中心的な存在として、大友氏初め少弐・島津氏等の有力守護を相手に、大いに気を吐いたことは周知のところである。

肥後の動静

しかしこの菊池氏も、南北合一の後はさして目立った動きもなく過ぎて行った。そしてようやく文明年間に入って、内紛の兆を呈して来た。すなわち菊池重朝の子で肥後国守護職であった能運(よしゆき)は、明応七年(一四九八)重臣隈部忠直の謀叛に遭い、文亀元年(一五〇一)には忠直に敗れ、本拠隈府の城を落されたため肥前有馬氏の下に逃れた。そして宇土為光が守護となった。しかし為光の守護職は二年余り続いたのち、先の隈部・城氏等の菊池氏重臣は、文亀三年(一五〇三)能運を隈府に迎えてこれを守護職に復せしめ、為光を宇土に討った。しかし能運は永正元年(一五〇四)、二十五歳で病死した。しかも能運には嗣子がなかったため、一族の政朝が入嗣し政隆と改名して守護職となった。こうして菊池氏は有力家臣の動きの前に大名領主権を伸展させることができず、混迷し続けていたのである(『鎮西要略』『陰徳太平記』『熊本県史総説篇』、その他)。

大友義長の干渉

こうしたとき、義鎮の祖父大友義長は、阿蘇大宮司惟長・相良長毎(ながつね)等と提携して、菊池氏を倒すべく権力を介入させて来た。しかも老獪(ろうかい)な義長は表立った動きはとらず、密に菊池氏の家臣等をそそのかして、差し当たり阿蘇惟長を守護に擁立する策を進めた。

義長の政略を怒った政隆は豊後に出陣したが、この留守中に政隆は家臣等の謀叛に遭い守護職を奪われた。そしてこの後、阿蘇惟長が菊池氏に入嗣し、武経と改名して肥後守護職となった。しかしこの武経も、結局は大友氏の傀儡（かいらい）であったに過ぎない。彼は本性を現わして露骨な野心を示す大友氏の圧迫や、家臣の謀叛に耐えることができず、遂に菊池氏家督とこれに伴う守護職を放棄し、永正八年（一五一一）隈府を出奔してしまった。そこで義長は、庶家の詫磨武包（たけかね）を菊池氏家督に据え、併せて肥後守護職とした（同前）。

大友重治入嗣

しかし、こうした対菊池氏政略に腐心した大友義長は永正十五年（一五一八）卒去し、その子義鑑が家督を嗣いだ。義長の政略を継承した義鑑は、やがて永正十七年（一五二〇）武包を追放し、ついに実弟の重治を菊池氏に入嗣させたうえ、肥後守護職を得させた。後述する永正十二年（一五一五）の大友義長の条々にも、

一、肥後国堅固の覚悟を以て、菊法師丸（重治）の入国心を添えらるべき事。（原漢文）

とあり、重治の入嗣は義長以来の宿願であり、ここに名門菊池氏の血統は断絶し、大友氏による肥後支配は、一つのエポックを画することとなった。

一体義長の妻は阿蘇惟乗の女であり、また右の菊池重治は相良氏の女を妻としている。

重治、大友氏に抗す

こうした通婚のありかたからしても、義長以来の対肥後政略は尋常のものではない。重治の菊池氏入嗣で、大友氏の肥後支配は一応ゆるぎないもののように見える。しかし重治は、その後大友氏の思惑通りに動かなかったばかりでなく、むしろ敵対行動をとるようになった。彼はその後、義武・国武・義宗・義国等しばしば改名している（「大友氏系図」）が、それは彼のこうした不穏な行動と無関係ではない。彼の大友氏への謀叛が、いかなる理由によるか分からない。それにしても、多年の宿願を果たして入嗣せしめた一族が、こうした挙に出たことは、大友氏の肥後支配の上から誠に遺憾といわねばならない。

義鑑、肥後守護職となる

義鑑は義武を追って、天文十二年（一五四三）肥後国守護職を併せたが（大友文書）、これはその後天文十九年（一五五〇）、義鎮が豊後守護職と共に継承することとなった。義武はこの後天文二十三年（一五五四）、甥の義鎮によって討たれて果てた。ここに菊池氏は名実共に滅亡する。大友氏の肥後支配は、こうした上に立って進展したのである。

三　少弐氏との提携と大内氏との抗争

少弐氏

鎌倉初期建久年間、少弐（武藤）氏は資頼が筑前・肥前両国守護職に任じ、併せて鎮西奉行に補されて筑前に下向土着してより、大友氏と共に、九州における御家人の指導的地位にあった。南北朝期以降も殆んど大友氏と行動を共にして、室町期に至り守護大名としての発展を進めていた。しかしそうした少弐氏の発展は、この室町期の応永年間に入った頃から、前途の大きな壁に遭遇せねばならなかった。それは周防（山口県の一部）山口（山口市）に本拠を置く大内氏勢力の北九州進出であった。

大内氏

大内氏の出自は必ずしも十分明らかではない。多々良姓で、周防国大内村を本貫とし、同国の在庁官人（ざいちょう）（国司遙任制下の国府の中下級職員）としてこれを基盤に在地に勢力を扶植し、発展して来たものであった（松岡久人氏「大内氏の発展とその領国支配」『大名領国と城下町』）。室町期に入ると対外貿易によって巨利を収め、守護職を得るなどして幕府に対する発言力を高めた。応永年間に入ると義弘は、周防・長門（山口県の一部）・豊前を初め六ヵ国の守護職を併せ、北九州に進出してその女を大友親世の妻に入れるなどのことがあった。このころ今川了俊に替って渋川氏が九州探題となったが、これは大内氏の傀儡に過ぎなかった。

大内氏、北九州に進出

『鎮西要略』に、「九州の成敗、大内介（義弘）の自専（きりまわす）也」とあるように、九州の政治・軍事上の主導権は、殆んど同氏に掌握される有様であった。その後義弘は、泉州堺（大阪府堺市）に滅亡させられた（応永の乱）が、同氏はその弟盛見によって復興され、依然発展の方向を進めていた。

こうした大内氏勢力の北九州進出は、必然的に少弐・大友両氏との対立抗争を惹起するものであった。応仁年間に入ると、大内政弘から追われた少弐教頼は対馬・筑前・肥前の旧好の家々を徘徊する有様であった。応仁二年（一四六八）政弘は、陶弘房・筑紫頼貞・渋川義種等に命じ、教頼を筑前高祖城（福岡県糸島郡）に討たせ、これを自殺させた。

大友氏の内紛

文明十年（一四七八）その子政資は肥前にあって、菊池政隆・大友政親等と同盟して再起し、大内氏配下の九州探題渋川氏を肥前綾部城（佐賀県三養基郡）に攻め、また同十五年（一四八三）大宰府を奪回するなどのことがあった。しかし巨大な大内氏の勢力を恐れてか、大友政親は大内政弘の妹を妻に、また子義右の妻には政弘の女をめあわせていた。しかしこの一方政親は、女二人をそれぞれ少弐政資の子高経（頼忠）、及び資元ら兄弟の妻に遣わしていた。こうしたさなかの明応五年（一四九六）、大友氏では先述のように、応仁の乱以来足利義政・義尚派である政親と、足利義視とその子義材（のちの義稙・義尹）を支持する大内政弘に追随し発展を計ろうとする義右父子が対立し、義右は窮地に陥った政親の手によって毒殺され、ついで政親は筑前への出奔の途次、これを怒った政弘の子義興の手の者によって捕えられ自殺させられるなどのことがあった（『大友家文書録』、その他）。次いで翌明応六年（一四九七）、勢にまかせて義興は大軍を率いて九州に来り、大宰府から政資を追い出し、政資を肥前多久城（佐賀県多久市）に、また高経を同盛福寺城（佐賀県神埼郡神埼町）にそれぞれ憤死せしめた。『陰徳太平記』によると、その死に際して政資は、多久城下の専称寺という寺に駆け込み割腹し、その腸（はらわた）をつかんで庭前の石に投げつけて果てたという。悲運の少弐氏の運命を象徴するものである。

少弐氏の悲運

だが少弐氏はこれによって滅亡したのではなかった。政資の三男資元がまた息を吹き返すのである。また大友氏では政親・義右没後、政親の弟親治が嗣立した。彼は将軍に偏諱を請う慣例を棄ててこれを求めず、優れた手腕によって独歩の道を進め、先の少弐資元と連合して文亀二年（一五〇二）、探題渋川氏を肥前に攻め、永正三年（一五〇六）には大宰府を奪回した。ところが将軍義澄に追われて大内義興の下に亡命していた前将軍義材（き）は、翌四年（一五〇七）大内・少弐・大友・渋川氏等の諸豪族に和平を命じ、義興を筑前・豊前、少弐氏を肥前、そして大友氏を豊後の各守護に任じた。しかしこれは、大内氏の北九州

大友・大内氏等和睦

支配を大友・少弐両氏に確認せしめるという意味をもつもので、正に大内氏外交の勝利に他ならぬものであった。

こうした大内氏の北九州支配は、到底大友・少弐両氏の容認しうるところではなかった。この後義興に代わって後を嗣いだ義隆が少弐資元を肥前盛福寺城に攻めたが、却ってその臣龍造寺家兼・鍋島清久等に反撃された。しかもこの間資元は、大友義鑑と提携して北九州を奪回しようとする形勢を示した。これに対して義隆は、資元の臣龍造寺家兼を味方に引き込む外交に成功した。有力家臣を喪った資元は力を失い、大友義鑑と共に義隆の支配に服する事となった。かくて再び北九州を制圧した義隆は、天文四年（一五三五）

大宰大弐大内義隆

大宰大弐に任ぜられた。少弐氏より一段上の官職を得ることによって、少弐氏追討に正当性をつけようということであろう。こうした措置の上に義隆は、天文五年九月資元を攻め、ついにこれを敗死させた。この後資元の子冬尚は、反逆し義隆に内応した家兼を討とうとして却って敗れた。こうして肥前では少弐氏に代わって、ようやくその臣龍造寺氏に権力は移譲されることとなった。正に下剋上というべきである。

こうした情勢の下、大内義隆は天文七年（一五三八）、大友義鑑と一旦和睦した。しかし両者は結局互いに相容れることができず、対立の様相はなお止まることがなかった。しかし意外にも義鎮が家督を嗣いだ翌天文二十年（一五五一）、義隆はその臣陶隆房の謀叛によって討たれ、大内氏はここにあえなく滅亡した。かくて先の少弐氏の没落についで、ここに大内氏の勢力は北九州から一掃されることとなった。こうして、ようやく義鎮の活躍の舞台が開けて来ることとなったのである。義鎮の勢力発展は、多分にこうした環境条件に支えられているといわねばならない。

大内氏滅亡

四　六箇国の守護及び九州探題となる

陶隆房の画策

天文二十年（一五五一）における大内義隆の滅亡について、『大友家文書録』は次のような説を引合いに出している。実は予めその叛臣陶隆房から義鎮の下に、主君義隆を討とうとする計画について通告があり、しかもこれが成功の暁には貴弟晴英（はるふさ）を奉じて大内の名跡（一旦滅亡した家の家名、遺跡ともいう）を相続願いたい。ついてはそのため、当面援兵を得たい、と依頼して来た。これに対し義鎮は喜んで応じたという。しかし果たしてここに説くような事前工作がなされていたか疑問である。また同じく『大友家文書録』によると、

晴英、大内氏に入嗣

仔細な点で前と矛盾するが、ともかく次のような事を記している。義隆滅亡に成功した隆房は、義鎮の下に使者を遣わし、自分は讒者のために誅せられようとした。よって当方から先手を打って義隆を殺害したものである。しかし主家の断絶は見るに忍びないので、貴弟晴英を迎え名跡の相続を計りたい、と願って来た。これに対し義鎮は、隆房が晴英を主君に立てたとしても、それは己の威を増し、不順の者を討たんがための方便に過ぎない。一旦事が成功した際においては晴英を廃すことは必至である、として応じようとしなかった。ところが一方当の晴英は、乱国の大将となるのは武門の面目である。若し辞して行かねば他人の批判を受けて口惜しい思いをせねばなるまい。将来のことについて、たとえ不安の念が持たれたとしても赴くことに何の後悔もない、と大見得を切ったので、已むなく義鎮もこれを容れて応じたのだという。これがどこまで事実であるか問題である。しかしともかく、晴英は勇躍して陶隆房に迎えられ、天文二十一年（一五五二）三月山口に入り、大内氏を称し、将軍義輝の偏諱を得て義長と名乗った。国務は隆房の掌握するところであったが、彼は義長、及び背後の義鎮に対するポーズとしてか、剃髪して全薑（ぜんきょう）と号した。

義鎮、肥前守護職を望む

さて少弐氏の没落についで、ここに大内氏が滅び、実弟をこれに入嗣せしめ、その九州への重圧から解放された義鎮は、ついで先ず肥前国に目をつけた。

肥前国については、かつて少弐氏が健在であった当時から私の方で取り仕切って来たところであります。ところがいよいよ近年少弐氏が滅亡したため、彼の国の者共が一致して私の下知を求めて来ております。すでに主君の居ない国であり、また従来からのいきさつもあり、ここで肥前国の守護職を将軍に対し申請したいと思いますので、どうかよろしく。(取意) (大友文書)

これは義鎮が肥前国守護職を得られるよう、その外交僧ともいうべき勝光寺光秀に宛てて将軍足利義輝に周旋を依頼したものである。

大友氏が肥前国守護職を得たことは古く氏泰以来先例があり、また肥前国の国人衆が天文二年(一五三三)、大友義鑑に忠誠を誓った連署誓書があり(『大友家文書録』)、主張に根拠がないわけではない。当時少弐氏は勿論、成り上り者の龍造寺氏の勢力など彼としてはいまだとるに足らなかったのである。こうして彼は将軍を初め、幕府の要路に太刀・馬・銭等多額の金品を贈ったのである。正に買官というべきものである。この肥前国守護職

肥前守護職

豊前・筑前・筑後守護職

九州探題職

大内氏の名跡を相続

には非常な執着があったらしく、その補任を願って夢にまで見、これを「瑞夢」と称して、これを機に従来の通称「五郎」に替えて、「新太郎」と号する事をまで将軍に願ってこれを許され、ついで念願の肥前国守護職に任ぜられた。時に天文二十三年（一五五四）八月十六日のことである（大友文書）。親譲りの豊後・肥後両国守護職と異なり、自らの政略によって最初に得た守護職であっただけに喜びも大きかったらしい。この後彼はさらに永禄二年（一五五九）六月、豊前・筑前・筑後の三ヵ国守護職を得たのに続いて、同年十一月九日、将軍足利義輝に請うてついに宿願の九州探題に補せられた（大友文書）。これはかつて父義鑑も補任を希望し、幕府要路に内々任料を問い合わせたところ、あまりにも莫大なのに驚き断念したこともあったいわくつきのものであった。先に大内義隆が律令の大宰大弐を得たのに対し、これが武家の九州統轄者を意味するものであることはいうまでもない。しかもこの探題補任は、先に大内氏を相続した晴英が、その後毛利元就に討たれて滅んだのであるが、その大内家の名跡を、今度は義鎮自らが相続することを認められるという付録付きのものであった。

九州探題職ならびに大内家督の事、先例に任せ別儀あるべからず候。其の料所（知行地）等の儀に就きこれを申し付け、運上す可きの旨、内々宗（久我）可申し通す、もつとも神妙に候。よつて久秀（松永）に対し入魂（じっこん）（親密に計らうこと）の由然る可く候。なお大覚寺（義俊）門跡、愚庵（久我晴通）仰せ付けらるべく候也。

（永禄二年）十一月九日　（花押）（義輝）

大友新太郎とのへ

（原漢文、大友文書）

とある。官位に恋々とし、しかも権威を重んずる義鎮として喜びはいかほどであったか、その得意の程が察せられる。だがしかし、彼はその満足感にいつまでもひたり続けるわけにはゆかなかった。大内氏に代わる次の中国の敵手、毛利氏の北九州進出がすでに早く始まっていたのである。

毛利氏、北九州に進出

五　豊筑をめぐる毛利氏との抗争

大内義長滅亡

先述のように義鎮の実弟晴英（義長）を大内家督に迎えた陶隆房は、弘治元年（一五五五）厳島で毛利元就に討たれ、さらに義長は同三年（一五五七）元就に討たれ、長府（山口県下関市）長福寺に果てた。義鎮はこの際義長から援を求められたがこれを断ったという。こうした中国に於ける政争の時期、義鎮は領国支配を推進して行った。

豊筑叛起

だがこうした弘治三年七月、豊前・筑前の領主等は毛利氏に内応し義鎮に叛した。このため義鎮は戸次鑑連・吉弘鑑理・吉岡長増・田北鑑生等の諸将を筑前に遣わし、筑前古処山城に拠る秋月政種を討たせた。政種は討たれ、その子種実は中国に走った。義鎮はさらに余勢をかって筑紫広門を征し、怡土志摩郡に原田隆種を攻め、その子種栄・種門を高祖城（福岡県糸島郡）に敗死せしめた。一方豊前に対しては義鎮自ら一万二〇〇〇騎を率いて出陣し、龍王城（大分県宇佐郡）を陥してこれに陣し、宇佐郡三十六人衆を服従させた。彼は以上の東豊前を初めとして、下毛郡からついで上毛・筑城郡等の西豊前を征すべく軍を進めた。豊前では企救郡の門司城が天然の要害で、豊筑支配の最も重要な要(かなめ)石であり、大友・毛利の両氏はこの争奪をめぐってしばしば争うこととなった。

九州征覇

しかし義鎮は、ともかくこうした北九州支配の実績の上に立って、先述のように豊前・両筑の三ヵ国の守護職を得たのである。これより先得ていた豊後・肥後・肥前の三ヵ国と併せ、都合九州内六ヵ国の守護職と九州探題職を得、一応九州の覇者となったのである。当時薩摩の島津氏はいまだ領国統一の途上にあって、勢力を外部に向かって発揮することが出来なかったのである。

龍造寺隆信の台頭

しかしこのころから、肥前ではようやく先の龍造寺家兼の曾孫隆信の勢威が増大して来た。こうした永禄二年(一五五九)、彼は少弐冬尚を敗死させた。義鎮は毛利氏と手を結ぶ隆信を攻めたが、あまり成功しなかった。この間毛利氏は、先に領内に逃れて来ていた秋月種実を筑前の本拠に帰し、小早川隆景に軍を授けて豊前に赴かせた。だが義鎮は遠く出雲(島根県)の尼子義久と手を結び、前後からこれを挾撃しようとするいわゆる遠交近攻の策を展開しようとした。だが豊筑をめぐる毛利氏との抗争は必ずしも有利に展開せず、殊に豊前では門司城はおろか、永禄四年(一五六一)には京都郡苅田の松山城も奪われる有様であった(『陰徳太平記』『北肥戦誌』、その他)。後述する義鎮が永禄四年(一五六一)ごろ臼杵に移居するのは、こうした緊張した対毛利氏関係のさなかのことである。そして翌々永禄六年、豊後在国のまま将軍義輝の相伴衆に任ぜられた。しかもさらにその翌永禄七年(一五六四)七月、こうした義輝の周旋で大友・毛利両氏の間に和睦がなされ、豊筑間は一旦静謐に帰した。義鎮の外交政略によることはいうまでもない。

遠交近攻の策

大友・毛利両氏和睦

この後義鎮は、先の少弐資元の次男で各地に漂泊していた政興をとり立て、同家の再興を計った。これには上松浦党の波多鎮、同じく肥前の有馬晴信も同じた。しかし龍造寺隆信は到底これを容認することができなかった。こうして、再び龍造寺・毛利氏対大友氏の対立関係が台頭して来るに至った。

立花鑑載・高橋鑑種、共に叛起

そうした永禄八年（一五六五）、大友氏の一族で筑前立花城主の立花鑑載が毛利氏に内応して義鎮に叛し、ついで同九年（一五六六）十一月には筑前宝満（福岡県筑紫野市付近）・岩屋（同太宰府市）両城々主の高橋鑑種も同じく先述のように義鎮に叛した。秋月種実・筑紫広門もこれに同じた。よって義鎮は戸次鑑連（後の立花道雪）・臼杵鑑速・吉弘鑑理の三老を差し向け、鑑載を討たせ、鑑種及び背後の毛利氏と対戦させた。

高橋鑑種はかねて義鎮の信望が厚く、一万田氏から筑前の名族高橋家に入嗣し、宝満・岩屋両城を授けられていた人物である。これが毛利氏に内通したことは、義鎮としては頗る衝撃であった。彼の内通の理由については、真偽の程は不明であるが、先述のように義鎮がその兄一万田弾正忠親実を殺してその妻を奪ったためであるという（『立花家之記』『九州治乱記』、その他）。

だがこうした永禄十二年（一五六九）十月、尼子晴久の臣山中鹿之助が出雲・伯耆（鳥取県）の軍を率い毛利氏の背後を衝いて来た。これを知った元就は大いに驚き、筑前発向の小早川隆景軍を小倉に撤退させることとした。こうして度を失して退却する毛利氏軍を追い、大友氏軍はその首級凡そ三五〇〇を討ったという。

毛利氏撤退

龍造寺氏、和を請う

このことがあって、一方の龍造寺隆信もその本拠佐賀を攻撃中の大友氏に和を請い、また毛利氏軍も長州（山口県）へ引き返してしまった。このため豊筑間で毛利氏に内応した国人・領主等は、或いは毛利氏を頼って安芸（広島県）に逃れ、或いは大友氏に降った。この間立花鑑載を討った義鎮は、戸次鑑連を同家に入れて名跡を嗣がせた。また中でも謀叛の最たる高橋鑑種は、義鎮に降り助命を請うたためこれを許し、相伝の所領を悉く改易し、宝満・岩屋両城から追って、規矩郡にわずかの所領を与えて小倉に移した（『豊前覚書』『高橋記』、その他）。

義鎮、兵を収む

こうして西の龍造寺・高橋両氏も鎮まり、遠くは毛利氏も中国に撤兵するに至り、義鎮は永禄十二年（一五六九）十二月、豊後に帰陣するに至った。翌元亀元年（一五七〇）、筑後高良山（福岡県久留米市）に屯し、臼杵氏等の三老に龍造寺隆信の攻撃に当たらせたが、夜襲を

全盛時代を迎える

受けて敗北・失敗するなどのことがあった（『鎮西要略』、その他）。しかしこれ以後天正六年（一五七八）に日向耳川合戦で島津氏軍に大敗を喫するまで、義鎮の全盛時代が現出することとなるのである。

第三　領国支配の展開

一　家臣団の編成

Ⅰ　家臣団の構成

大友氏の家臣団について、『豊陽志』は次のように記している。

『豊陽志』

御同紋衆之事

古庄党　志賀党

右之外御先祖能直公御下向の御供の筋目は御家の御紋赦免なり。いはゆる首藤、衛藤、舞林（若カ）、高山、甲斐瀬、矢野等割茗荷（わりみょうが）の紋、杏葉（ぎょう）の紋と云ふ。其外御一族御庶子の家々は御同紋也。

大友一族六十二家之事

大部、得永、俣見、利根、詫摩、大野、日差、城後、成松、奴留湯、木付、志賀、

小津留、一万田、豊饒（ぶにょう）、入田（にゅうた）、石合、久保、吉弘、直入、戸次、日田、臼杵、国東、平井、大神（おおが）、挾間、田原、速見、高崎、立花、田北、塩手（一部中略）

緒方一族三十七家之事

佐伯、雄城（おぎ）、小原、田尻、下郡、真玉、敷戸、賀来、夏足（なたせ）、都甲、高城（たかじょう）、阿南、森迫、植（稙）田、稗田、小井手、大津留、橋爪（一部中略）

此三十七家は、当国直入郡御祖母嶽大明神の神裔大神惟基より種姓始りて、かの緒方三郎惟義、臼杵二郎惟隆等が子孫にて当国出生の一流、姓は大神、紋は鱗形、惟字を相嗣ぎ家名とす。

諸氏百五十家之事

竈門、右田、斎藤、古庄、馬場、永富、帆足、曾禰崎、森、市川、今村、佐保、寒田（そうだ）、岐部、姫島、御手洗、石垣、魚返（おがえり）、古後（こご）、津久見、朽網（くたみ）、本庄、志手、恵良、竹田津、若林、高山、風早、平林、宇都宮、薬師寺、如法寺（一部中略）

右百五十家は、当国へ他国より御屋形を慕ひ相集り来り奉公せし家々、是を束ねて新参衆と云ふ。

「大友氏部下姓氏付」

バルテザル＝ガゴの書簡

さてこれは右のような江戸時代の編纂物に記されたものであるが、志手文書にみえる天正十一年（一五八三）の「大友氏部下姓氏付」にみられる記事とも類似し、史料価値はかなり高いものである。これによると大友氏一族六十家、他姓衆百家が挙げられている。なおまた天正年間宗麟下の城主二三七人があったことは後述の通りである。

ただここで大友氏の「部下」、或いは「家臣」と称するものは、大体大友氏の支配本国である豊後の領主であって、これ以外の征服地の領主は殆んど含まれていない。永禄五年（一五六二）付バルテザル＝ガゴの書簡には宗麟の勢力について、

王（宗麟）は先年掠奪を被りたる博多の国を鎮定するため五万人を派遣せしが、もし自ら出陣する時は十万人を率うべし。（中略）王は戦場に二十万の武士を出すことを得べく、王の領内にはイスパニヤの最大なる有爵者よりも更に大なる多数の大身あり。このほかにも多数の城主および部将あり。

と述べている。いささか誇張した家臣の表現である。但し単に家臣といっても、その大友氏との主従関係は総じてさして強いものではない。豊後本国に在住する領主は、大友氏と比較的強い絆（きずな）で結ばれている反面、この豊後以外の征服地の領主との関係は薄く、

彼らは単に宗麟の意を迎えて積極的な反抗をせず、その勢威に服して軍役を務め、所領の拡大を計るものであるに過ぎない。先の『豊陽志』等に家臣として記述しない所以である。『豊陽志』も記す通り大友氏の家臣は、大友氏との関係で同紋衆・国衆及び新参衆(新衆ともいう)の三種に区分された。同紋衆とは大友氏と同じ杏葉の紋の使用を許された家臣の意で、これには大友氏一族及び譜代が属する。譜代の多くは、大友氏が鎌倉期豊後に下向する際これに従って来た重代の臣であって、大友氏と共にいわゆる「下り衆」である。これらの中には大野・直入・大神・臼杵氏等のいわゆる豊後大神(おおが)氏の一族とみられる名字のものがある。しかしこれは大友氏の豊後入国後、幕府或いは大友氏のために改易滅亡を受け、この後大友氏がその名跡を相続したものであり、その実質によって同紋衆に編入されているものである。

同紋衆は杏葉の紋

下り衆

同紋衆は最高位

同紋衆は単に一族・譜代という区分を意味するものではなく、家臣間における最上位の身分をも意味するもので、年寄その他主要な職務は大体彼らの任ずるところであった。従って豊後以外の単なる領主であっても、大友氏に対する忠誠著しき者に対しては、例外として同紋衆に取り立てることもあった。たとえば筑後の問注所統景は、先述のよう

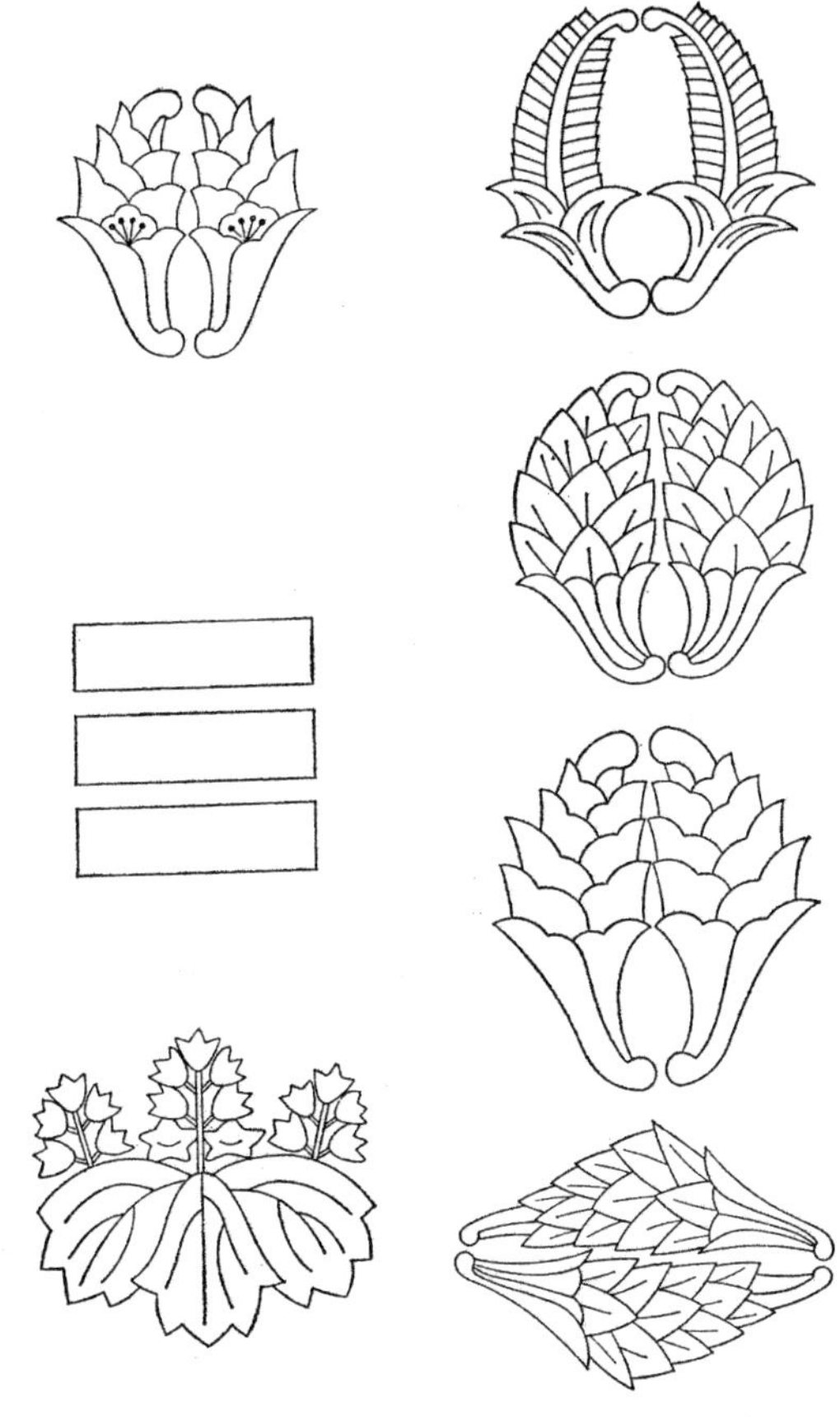

大友氏の家紋

右側は大友氏が用いた杏葉の紋。左側最上段は同紋衆が用いた杏葉の紋。同中段は大友氏のみ用いた三木の紋。同下段は大友氏が江戸時代に用いた五七の桐の紋。

（田北学氏『続編年大友史料』十により作成）

に義統の代、多くの領主が彼から離反したに拘わらず、なお義統への貞心を失わなかった。このため義統は特に同紋衆に編入してこれに報いたのである。

国衆

次に国衆について、『豊陽志』は緒方一族とする。先述のように、豊後の大豪族大神氏の一族をいうのである。要するに大友氏の豊後下向土着以前からこの国に勢を張っていたもので、緒方惟義は『吾妻鏡』『玉葉』『平家物語』『源平盛衰記』等々にその名をとどめて、あまりにも有名である。しかし臼杵氏と共に幕府から処断された。臼杵氏は大友氏一族が名跡相続を行なったこと先述の通りであるが、緒方氏に対しては行われなかったらしく、以後戦国期に至るまで緒方氏は全くその名を消滅してみえない。

新参衆

最後に新参衆は新衆ともいい、『豊陽志』の説く通り、主として豊後以外の征服地に出自を有し、大友氏に服従するに至った者である。大友氏との主従関係は前二者よりも薄い。それだけにさして厚遇もされず、従って役務に任ぜられることも少なかった。なおこの新参衆と国衆とを合わせて、他姓衆と称することもある。

同紋衆と国衆は反目

同紋衆と国衆とは互いに対立することが少なくなく、必ずしも協調していたとはいえない。先述のように義鑑の置文に、「国衆と加判衆一意の事」とあるのは、冷遇される国衆と、一方優遇されて加判衆等にも任ぜられる機会の多かった同紋衆との和を説いたものといえる。なお『両豊記』『豊筑乱記』には、それぞれ「姓氏遺恨之事」等の項を設け、大要次のような事件のあったことを記している。

対立抗争事件

府内の大友氏の城で、城の警備の番を勤める家臣の会所に、出勤した家臣が各々その名を記す番帳があった。ところが宗麟の生まれた享禄三年(一五三〇)の春、何者かの手によって同紋衆の者の名前の上に墨が引かれているのが発見された。何れ同紋衆を嫉む国衆の誰かの仕業であろうという事になった。そこで同紋衆のうち血気盛りの若輩等が腹に据えかねて、遺恨を晴らそうとこれを義鑑に訴えた。義鑑も処置に窮していた。そこにたまたま本庄但馬守・中村左衛門佐という二人の者が居た。彼らは共に肥後詫磨郡出身の新参衆で、代々大友氏に忠勤を励んでおり、このため彼らは旗頭に抜擢されて多数の部下を従え、府内市町に屋敷を構える程となっていた。元来他国者でありながらこうした厚恩に与っていることに対し、同紋衆の清田越後守という若者が、手勢二〇〇騎でこの両人の屋敷に打入った。両人は突然のことに驚き、防戦につとめたがなすところなく、遂に敗れ切腹して果ててしまった。清田越後は首途よしと悦び、翌朝さらに一五〇〇騎余りの勢を募り、大分郡賀来の住人で大神氏一族賀来左衛門大夫という大身の国衆を討ち果たそうと計画した。これを知った同じく大神氏一族の橋爪丹波守治季は、三〇〇騎の手勢を率いて賀来氏の助勢に向かい、双方入り乱れて戦い清田方は敗れた。なお大津留常陸介鑑康なる者も同じく賀来氏助勢に向かったが戦は終っていた。勝利を得たものの、賀来氏自身は深手を負って落命した。この騒擾を知った義鑑は激怒し、橋爪・大津留の両人は勘気を蒙り、このうち橋爪氏は伊予に隠遁し、大津留氏は豊前に浪人することとなった。この一件以後、姓氏の争いは止まった。(取意)

多くの家臣を擁するだけに、その統御が容易ではなかったらしいことが分かる。

Ⅱ　有力家臣の群像

宗麟に独裁権なし

宗麟はその勢力全盛期にあっても、後述のように加判衆の意を尊重して、自らの独裁権は振うことができず、またその個人についても、先述のように意外にも虚弱体質であったといわれる。こうした彼は、戦場における猛将というより、むしろ絶えず幕府将軍や、秀吉等の中央権力に接近し、これとの外交政略を通じて局面を有利に展開しようとする智将型の人物であったということができる。自ら危険な戦場を駆け巡り、傷を受け、或いは敵を殺傷せしめるなどということは、一種の貴族趣味の彼の得意とするところではなかった。

宗麟は智将型の人物

従ってこうした彼の下には、常に彼に替わって血と汗を流す猛将型の忠臣が控えていたといわねばならない。しかし彼の下には必ずしもこうした忠臣のみが居たのではなく、独立心を秘めた陰険な謀将もみられた。

豊州三老

まず前者の典型としては、後述する立花道雪・臼杵鑑速(あきすみ)・吉弘鑑理(あきなお)三氏からなる「豊州三老」がある。彼らはおおむね大友氏の小庶家から出た人物であり、年寄に任じて吏僚となり、或いは戦陣にあって大友軍の指揮に当たるなど、文字通り宗麟の支柱となっている。

一方後者は、田原親宏にその典型をみるように、大友氏の三大庶家の流れを汲むものが多い。こうした伝統から大所領を有して領国内に威を振い、この重みによって宗麟に隠然たる影響力を与えている人物達である。彼らは前者と異なり、年寄その他の役職に任ずることはほとんどなかった。宗麟もその扱いには神経を使い、苦慮するところが大きかった。彼らを十分統御し得なかったところに、大友氏の領国支配の限界があったのである。

なおまたこのいずれの範疇にも属さぬ人物も居たことは勿論である。

こうして領国主宗麟をめぐって、大友氏家臣間にあっては、極めて複雑な人間模様が織りなされていたということができる。次にこれら人物の二―三について述べてみよう。

1 忠臣型の人物

a 立花道雪

まず忠臣型の人物から述べよう。この筆頭に挙げねばならぬのは立花道雪である。彼はもと戸次鑑連（べっきあきつら）と称した。

戸次氏は、大友氏祖能直の次男左衛門尉重秀が、豊後大分郡戸次庄（大分市）地頭職を得て同地に住したのに始まる。同氏はのち大野郡藤北（同郡大野町）の鎧岳城に拠った。鑑連はこうした戸次氏の出身である。

下半身不随

ところで先述のように永禄八年（一五六五）、筑前立花城に拠った立花鑑載（あきとし）が毛利氏に内応して宗麟に叛した。宗麟はこれを討って自殺せしめた。鑑連は臼杵・志賀氏等と共にこの攻撃軍の指揮に任じたが、宗麟は元亀二年（一五七一）、鑑連にこの立花家の名跡を嗣がせ、立花城主に任じた。立花を称するのはこうした事情による。時に鑑連五十七歳のことである。入道して道雪と号した。彼は下半身不随であった。これについて『大友興廃記』は、「鑑連雷を斬る事」として、大要次のような挿話を記している。

鑑連がまだ藤北に在住していた当時、或る炎天のころ、彼はさる大木の下で昼寝をしていた。そこに大雨が降って来、雷

立花道雪画像（福岡県柳川市，福厳寺蔵）

が落ちかかって来た。彼は枕元に置いていた千鳥という太刀で雷を斬って、その場を飛びのいた。これ以後足が不自由となり、出陣も駕に乗ってするようになった。また太刀も、雷を斬ったことから名を改めて雷斬というようになった。（取意）

『高橋記』

面白い話ではあるが、恐らく彼に好意的な者の創作であろう。名将の誉高く、臼杵鑑速（あきすみ）・吉弘鑑理（あきなお）の二人と合わせて「豊州三老」と称せられたことは前述した。『高橋記』にも、「吉弘左近大夫鑑理、臼杵越中守鑑速、戸次伯耆守鑑連、此三輩ハ、豊州方之三老トテ、才徳勇猛ノ良将也」と記している。

道雪檄文を送る

またルイス＝フロイスも天正十三年（一五八五）の書簡で、「最も武勇あり優秀な大将である」と賞讃を惜しんでいない。立花城主として豊前・両筑・両肥の領主の叛起に苦しみつつ、高橋紹運と共にこの鎮定に当たった。天正八年（一五八〇）二月二十六日、領国の衰勢を見るに忍びず、彼は年寄志賀道輝・一万田宗慶らに筑前から檄文を送っている（立花家文書）。内容は領国の危機感にあふれ、義統初め重臣等を名指しで批判し、老若男女がキリシタンとなり、寺社を破却し、仏神を河に投棄した天罰から領国が衰退したものであるなどと痛烈な批判を行なっている。誠に気骨を備えた人物であった。天正十二年

（一五八四）七十三歳で病没した。

この道雪には男子なく、このため後述する高橋紹運の長子統虎（むねとら）を養子に迎えた。これがのちの立花左近将監宗茂である。彼は秀吉の島津征伐の先陣を務め、また朝鮮侵略に功を立てたとして秀吉の激賞を受け、のち筑後柳川（福岡県柳川市）藩を開くこととなる。

b　臼杵鑑速

臼杵鑑速

次に臼杵鑑速（あきすみ）を挙げよう。臼杵氏はもと豊後海部郡臼杵庄（大分県臼杵市）を本貫とする大神（おおが）氏の一族である。先述のように、源平抗争期に活躍した緒方惟義の弟臼杵二郎惟隆の跡である。しかし惟隆は幕府から処断されて臼杵氏は滅び、この後大友氏一族が名跡を相続したものと思われる。臼杵氏が国衆でなく、同紋衆に属するのは、こうした推測の正しいことを証するものである。

同紋衆臼杵氏

鑑速はこうした大友氏流臼杵氏であり、天文・弘治期加判に列し、併せてまた天文期には筑前志摩郡の柑子岳城主であり、また一時肥前方分ともなった。立花道雪・吉弘鑑理と共に「豊州三老」の一人として家臣中に重きをなしたことは先述の通りである。永禄四年（一五六一）頃没したらしい。道雪もその死を惜しみ、先の檄文の中で鑑速没後領国の衰退が始まったとさえ述べているほどである。宗麟はこうした「豊州三老之調略（画策）」（麻生文書）に支えられるところ誠に大であった。

c　高橋紹運

忠臣型の人物としてもう一人高橋紹運を指摘しておきたい。

宝満・岩屋両城城主

高橋紹運

高橋氏は古く建武三年（一三三六）、足利尊氏が九州に逐電して来、勢を回復して東帰した際、仁木・一色両氏と共に九州に残留を命ぜられたもので、筑後高橋に城を構え住したところから高橋氏を称した。その後筑前宝満・岩屋両城に拠った。天文年間大友氏に服したが、高橋長種を最後に同氏は断絶した。このため家臣等が謀って宗麟の一族一万田左京大夫の子右馬助を迎え、これを高橋三河守鑑種として名跡を相続させることとなったのである。永禄二年（一五五九）の頃であったらしい。ところが先述のように鑑種は宗麟に叛し、永禄十二年（一五六九）小倉に追われた。この後高橋家に入嗣し再興したのが、先の吉弘鑑理の弟主膳兵衛鎮理（しげなお）である。入道法躰して紹運と号した。

大友氏末期、立花道雪と共に筑前で名将としての令名を高からしめたことについては、天正十三年のルイス＝フロイスの書簡にも見える。

高橋紹運の自害

岩屋山頂に眠る高橋紹運の墓（『アサヒ写真ブック』による）

天正十四年（一五八六）大友氏は島津氏の府内侵略を受けることとなるが、これと併行して島津氏と呼応した龍造寺・秋月・筑紫各氏は、紹運の守る宝満・岩屋両城を攻撃した。紹運も縦横の防戦に努めたが衆寡敵せず、遂に敗れ自刃して果てた。『筑後国史』によると、

流れての末の世遠く埋れぬ
名をや岩屋の苔の下水

という辞世の歌が知られている。時に三十七歳。大宰府の北、岩屋山の山頂にいま静かに眠っている。

2　独立型の人物

a　田原宗亀

田原親宏

次に独立型の人物をみてみよう。その典型は先述のように田原親宏入道宗亀であるといえる。まずこの人

物から述べよう。

田原氏は、大友能直の庶子泰広を祖とするもので、豊後国東郡田原別府に住して田原氏と称した。泰広は他の子息等と異なり、母が白拍子であったところなどから、所領の配分等の面で他の庶子からすると不利であったが（外山「豊後国の鎌倉御家人について」『広大文学部紀要』一八）、その後種々の非法を繰返すなどのことによって次第に発展し、のち志賀・詫磨両氏と共に、大友氏の三大庶家と称せられるに至った。そして戦国期では詫磨氏は肥後にあって衰え、このため大友氏家臣中でも志賀氏と同等、或いはそれ以上の実力を振う有様であった。同氏はまた戦国期、国東郡鞍掛城（大分県西国東郡大田村沓掛）及び安岐城（大分県東国東郡安岐町）に拠る鞍掛（沓掛）田原氏（本家）と、同郡武蔵郷（同郡武蔵町）に拠る武蔵田原氏（分家）に分かれる。親宏はこの田原本家の当主であり、初名親実、宗亀はその法名である。なお後述する田原親賢入道紹忍は、分家筋に当たる。

大友氏三大庶家

親宏はこうした事情から、その勢威は殆んど宗麟に迫るほどであったらしく、このことは天正七年（一五七九）のフランシスコ＝カリアンの書簡に、「豊後の大身中最も有力」とか、「豊後の最も勢力ある大身」等、と記されていることからも十分うかがうことができる。

それだけに田原氏対策は、宗麟以前から大友氏歴代の者が常に苦慮するところであった。宗麟の祖父義長もその置文(おきぶみ)の中で、親宏の数代前の田原親述について、その先祖は八代に亘り謀叛を試みており、決して気をゆるめるべきでないと遺訓している（大友文書）。大友氏年寄連署状（同前）においても、

彼家はあなと（侮）りてもわろし、の（呪）(ろ脱か)ひたる計(ばかり)にてもよろしからす。其中道の御才覚専一也。

として、その微妙な対策が必要であることを強調している。宗麟もこの点十分承知しており、親宏を年寄その他の要職から排除したばかりか、一時これを国外に追放したこともある（田原文書）。また親宏の所領の大半を没収し、これを分家の田原親賢に与え、これによって両家を互いに反目牽制させようと策したりなどしている。しかし天正六年大友氏が日向で大敗して衰勢がつのるや、親宏はたちまち府内を出奔して国東郡の本拠に帰り、旧領の返還を新領国主義統に求め、また府内攻撃を準備して宗麟父子を恐怖に陥れ、その攻撃が決行された際は、領国の瓦解疑いなしと宣教師等に判断される事情であった。

しかしその直前親宏は急死し、宗麟父子は難を免かれる。その後親宏の子親貫が叛き(天正八年)、義統に滅ぼされたのち、宗麟の二男親家がその名跡を相続することは後述する通りである。

b　田北紹鉄

田北紹鉄

田北氏は、これも大友氏二代親秀の三男親泰を祖とする一族であり、豊後直入郡田北村(大分県直入郡直入町)の地頭職を得てこれに住し、田北氏を称した。紹鉄はこの子孫である。ただし紹鉄当時は大分郡に居を移し(他の一派は速見郡日差村に居住)、同郡内の熊牟礼城に拠った。名乗は鑑重、紹鉄はその法名である。

紹鉄は策謀家

紹鉄は先の田原宗亀と共に独立的であり、また謀将と称すべき人物である。ロレンソ＝メシアの書簡には、彼を「豊後の領主中最も強く、策略ありと認められし人」と記している。こうした事情から年寄その他の要職に任じたこともない。宗麟の勢威傾くや、密に田原親貫・秋月種実と謀り叛起を策した。よって義統は親貫追討に先立つ天正八年(一五八〇)四月、これを直入郡阿曾野に攻撃し破った。紹鉄は西走し、日田郡五馬荘松原で討たれ、首級を上げられて果てた(石松勝氏所蔵文書、その他)。

3 その他

a 田原紹忍

次に以上あげた忠臣・独立の両型の範疇で捉えるのは適当でないが、なお他に注目すべき一―二の重要人物がある。いまこれらについて述べよう。

田原紹忍

第一に挙ぐべきは田原紹忍である。俗名親賢（ちかかた）、武蔵田原氏の当主であることは先述した。しかし彼はもと国東郡安岐郷（大分県東国東郡安岐町）の奈多八幡大宮司家の出身であって、のち田原氏に入嗣したものである。実父奈多鑑基は、義鎮の社家申次（社家奉行）である。

宗麟の義兄

彼は宗麟の二番目の夫人奈多氏の実兄であり、従って宗麟の義兄にあたる。このため大友氏に反抗的であった田原氏とはいっても、彼の場合そうした事情によって、宗麟とは比較的親密であった。ルイス＝フロイスは天正五年（一五七七）の書簡で、紹忍のことを、

> 彼は兵力・権力・富貴及び政治において当国の第二又は第三番目の人、

と記しているが、翌年の書簡では、

> 三ケ国の執政にして、国中第一の大身。

と記している。年寄に任じ、豊前その他の方分（後述）に任じていたことを指したものである。宗麟のよき支持者であったが、常にそうであったとは限らない。両者の関係が冷却したのはキリスト教問題からであった。すなわち親賢は八幡大宮司家の出身であることなどから、妹（宗麟夫人）と共にキリスト教には終生好意を有することができず、これが漸次キリスト教に没入する宗麟との間に溝を深めたのであった。しかもその最大の感情のもつれは、後述のようにかねて京都から迎えていた養子親虎がキリシタンに惹かれ、遂に入信したことに激怒し、妹宗麟夫人と共にこれを迫害し、それが宗麟を刺激したことにあった。

奈多氏の出身

さらにのち日向敗戦の責任者として権威を失墜し、また一時親宏から得ていた所領も、彼の強要を容れた宗麟の命によってこれに返還せざるを得ず、経済力をも失って一時失意に沈むこととなる。しかし親虎廃嫡後、新たに宗麟の三男親盛を養子に迎えた。キリスト教問題を除けば、先述のように宗麟とは親しい関係であったといえる。

紹忍、失意に沈む

b　志賀道輝

志賀氏は、これも大友氏一族であり、初代能直の八男能郷が豊後大野庄志賀村（大分県大野郡朝地町志賀）半分地頭職を得、これに住したのに始まる（志賀文書）。その後大友氏と共に発展し戦国期に至る。戦国期では直入郡岡城（大分県竹田市）に拠る北志賀氏と、同郡白仁城（同郡久住町）に拠る南志賀氏の両家に分かれる。このうち道輝は北志賀氏の出身である。田原・詫磨の両氏と共に大友三大庶家といわれるものであるが、田原氏とは異なり、歴代比較的大友氏に求心的な動きをとり続けたといってよい。このため同氏はほぼ歴代年寄を世襲している。大友氏大庶家が、譜代的に室町・戦国期を通じてこれに接近し続けるありかたは大友氏の中で希少であり、それだけに貴重な姿というべきである。

志賀道輝

志賀道輝は法名であり、その名乗は親守、のち親安と改名した。彼もまた慣例に従い年寄に任じ、しかもその上席として領国中枢に重きをなした。しかも嫡子親教は宗麟の女婿ともなっていた。

こうした経歴を有する彼は、当然のことながら伝統と権威を重んずる保守的人柄であり、従ってキリスト教には一線をおいて容易に接近することをしなかった。それだけに宗麟がキリスト教に惹かれたことについて苦々しく感じていたことはいうまでもない。しかもさらに嫡孫親次（ちかよし）（親善）までもキリスト教に惹かれ、しかもついに入信したことに

志賀親次

ついて、当惑と怒りを隠すことができず、嫡子親教以上に憤慨し、苦悩の極に達した。やがて宗麟父子とも溝を深め、島津氏の豊後侵入の際、ついにこれに内応し、その大友氏の支柱としての限界を自ら暴露した。

Ⅲ　中枢部における職制

1　加判衆

次にこうした家臣による大友氏の職制はどのようなものであろうか。ここでは中枢部を中心に、そうした職制をみてみたい。

領国主宗麟の下における最高位の家臣として、まず加判衆があげられる。加判衆はまた連判衆とも称される。一方年寄・宿老・老中等の称呼もみられる。後述の「新大友義長条々」に、

一、加判衆、申次を相加うる時は、能々思惟を以て申し出、年寄中同心（諒解）に於ては落着（決定）たるべし。（下略、原漢文）

とあり、加判衆は年寄から選出されるものかとも思われるが、実質上両者の区別は殆ん

年寄の条件

どみられなかった。こうした年寄の性格について、「大友氏年寄連署状」には、

> 国家宿老と号する事、上の御名代として人のかゝミと成役なれは、はれかましく尋常也智慮なくてハ成かたし。第一理非憲法（善悪の道理）。第二欲を放事。第三学文（マヽ）。第四姪酒之分別。第五武篇之嗜（たしなみ）。其外堅固之思慮は銘々注に不レ及、連判之衆中何れも一致に被二申談一、我慢しやうしき（正直）の悪心をさるへし。上下の礼義専一にすへき也。

としてその資質について述べ、さらに、

> 宿老と申人は先御近辺の末をよくしり、御家いかた（マヽ）、または近習外様の色ハけ、或は公儀の立柄、或は諸傍輩の交なとを（衍カ）をも幼少より見なれめされたる人ならては老中の役難かるへし。（大友文書）

として、単なる人格・識見より以上に、大友氏の内情万般に知悉していることを条件として挙げている。要するに彼らは宗麟の下にあって種々の枢機に与り、政治・軍事・外交その他の指揮に任ずる者である。従って領国主といえども彼らの意志を十分尊重せねばならず、決して独裁権を振うことは出来ない。両者間に間隙を生ずれば如何なる結果

が得られるかは、すでに二階崩の変によって十分明らかである。

年寄の員数

その員数は先の大友義鑑の置文にみるように六名から成り、しかも同紋衆・他姓衆各三名の内訳というのが原則であったらしいが、現実にはこの規定は殆んど遵守されておらず、時に四－五名、また逆に八名の多きに達した場合もある。またのち義統治世当時には適任者がなく、やむなく右筆の一人を便宜任用したこともある。具体的な人物としては、立花道雪・臼杵鑑速・吉弘鑑理の「豊州三老」の他、吉岡長増・志賀親守・田原紹忍・朽網（くたみ）鑑康・一万田鑑述・田北鑑生・雄城（おぎ）治景・佐伯惟教・小原鑑元等々の人物が挙げられる。その多くは同紋衆であり、またその在任期間はかなり長期に亘り、かつ世襲化の傾向も幾分認められる。しかしその反面、年寄のうち佐伯惟教は早く追放され、小原鑑元は弘治二年（一五五六）謀叛して討たれ、朽網鑑康は天正十四年（一五八六）島津氏に内応してのち処刑されるなどのことがあった。これらをみると宗麟の加判衆、引いては家臣掌握がどの程度のものであったかを窺わせるものである。

方分制

なお加判衆に関連して、その一部を地域支配に任ずる大友氏独特の「方分」制について述べねばならないが、これは次項にゆずることとする。

2　諸奉行人その他

この他中枢部における役職についてみると、次のようなものがみられる。

右筆

まず領国主の側近にあって文書の作成・執筆に任ずる右筆(ゆうひつ)がある。領国主は自筆状を軽卒に書くべきでなく、右筆に書かせよというのは後述する「新大友義長条々」の記すところであり、数名いたらしい。義統時代右筆の一人浦上氏を年寄に便宜充てたとあるのによると、比較的尊重されていたとみられる。

聞次

この他領国主と加判衆その他の連絡に当たったらしい聞次（申次）がある（大友文書。以下すべて同じ）。

諸奉行

次に諸奉行のうちまず軍事に関するものとして、御幡（旗）奉行・御鎧奉行・御太刀奉行等のものがある。また年中行事・祭礼・造営その他に関するものとして、八朔(はっさく)奉行・桟敷(さじき)奉行・酒奉行・御判紙奉行・社家奉行（別名社家申次）・寺奉行・賀来社造営奉行・垸飯(おうばん)（御膳）奉行の他、待屋(まちや)（狩猟小屋）奉行・勢子(せこ)奉行等々の遊技に関するものもみられる。こうした奉行人は、その職を世襲する場合が多かったらしい。たとえば御幡奉行については、竈門・田尻の両氏と決っており、しかもその幡竿に用いる竹は、大友氏の氏神である柞(ゆす)

特殊専門職

諸番衆

原（はら）八幡西坊の林の他、春日宮司の林、津久見の阿闍八幡の林のものと決っていた。また社家奉行には先述の奈多氏及び佐保氏、待屋奉行には薬師寺・波津久両氏が任じていた。

この他種々特殊な役を司るグループがあった。拵物（こしらえもの）(物品の製作)衆・贄殿（にえどの）(調理をするところ)衆・房衆・医者衆等々がそれである。また必要に応じて諸番衆が置かれた。御遠侍（とおざむらい）(守衛所)番・御蔵番・御厩番・記録所番・飯番等々がそれである。このうち遠侍番は「田舎分限衆」に仰せ付けることとされ、しかも二〇日ずつの勤番であった。御蔵番には「才幹ある者」を充てるべきこととされ、また記録所番には「郷庄衆」を以て充てるべきこととされた。なお地方における奉行人については次に譲りたい。

二　領国の支配体制

I　領国制成立以前の支配体制

大友氏領国の支配体制をみるに先立って、南北朝・室町初期の、領国制成立以前の支配体制をみておかねばならない。

鎌倉時代の守護

この時期は守護職を基幹として支配が行われていた。いうまでもなく守護職は、鎌倉時代の初頭、頼朝が創設したものである。それは大番役（京都御所の警備）勤仕の御家人の催促、謀叛・殺害人の検断（検察断罪）の軍事警察権を中心とするいわゆる大犯三ヵ条をその任務とする官職であった。これがおそくとも室町初期の貞和二年（一三四六）までのうちには、

刈田狼藉・使節遵行

検断について刈田狼藉（不法な作毛刈取り）、裁判手続きについては使節遵行（所領に関する敗訴人の土地を勝訴人に引渡すこと）の権を加えられるに及んで、守護の権を増大させた。またさらに半済法の実施（観応三年・一三五二）によって守護勢力増大の経済的基盤となった。こうして守護の封建領主化の道が、大きく開かれたのである。

大友氏泰

さて大友氏の場合、こうした南北朝・室町初期、ほぼその本国というべき豊後の守護職を世襲した他、筑後守護職を帯することが多く、この他肥前・肥後・豊前・筑前・日向各守護職を時に得ていた。いま室町初期の大友氏泰（貞宗の子）の例について、その管国の支配方式をみてみよう。彼は本国である豊後の他、豊前・肥前・日向の各守護職を帯している（外山「建武政府・室町幕府初の守護について―大友氏の場合―」『日本歴史』二八二、以下この項はこれによる）。

名代
守護代
使節

この場合特に注目されるのは、彼の下に名代（一名）がみられることである。そしてこの下に守護代が存在する。ただしその守護代は、豊後に時に一名ないし二名、肥前に一名居たことが確認されるが、他の豊前・日向守護代については、その存在を確認し得ない。管国支配方式が各々相違し、濃淡のあったことを窺わせる。そしてこの守護代の下に使節（各二名）が居て、沙汰に任じていた。

その各人物についてみると、まず名代には氏泰の兄貞載（志賀文書）、ついで大友氏小庶家の出羽正全（『薩藩旧記』）が任じている。次に豊後守護代には賀来五郎入道（到津文書）・藤原（小田原氏か）宗能（柞原八幡宮文書）・姓未詳備前守宗頼（永弘文書）があり、他に稙田寂円（伊東家所蔵文書、その他）・姓未詳沙弥寂本（永弘文書）がある。この二名は或いは守護代のさらに下僚の小守護代（或いは又代官）かともみられるが、守護代二名の際、両者の地位・権限は必ずしも同一でないという傍例もあり（岸田裕之氏「守護赤松氏の播磨国支配の発展と国衙」『史学研究』一〇四・一〇五）、いずれとも断定しかねる。

一方肥前守護代には斎藤氏が任じている。さて以上の守護代等のうち、斎藤氏及び小田原氏とみられるものは、共に大友氏関東在住当時以来の譜代の臣である。しかし賀来・

稙田両氏は共に豊後大神(おおが)氏一族のいわゆる国人衆である。しかしいずれにしろ当時、大友氏の腹心であったとみられる。

二つの命令系統

以上のように守護—名代—守護代—(或いは豊後には時に小守護代ないし又代官か)—使節という命令支配系統がみられた。しかしこれとは別に、同時に、守護—奉行人—使節という命令系統も併存した。この両方式は、原則として公私の別によるもので、前者は将軍よりの祈禱の命の施行、軍勢催促、訴訟の処理、所領給与の遵行等の公的な事項に関わる一方、後者は大友氏の崇敬社への所領寄進等、私的事項に関わるものであったらしい。この場合、後者の奉行人が後の戦国期の年寄に相当するもので、その先蹤というべきである。なおこの室町初期の氏泰段階では、前者の命令系統に重点があったが、のち時代が降ると共に、後者の方式系統へと比重が移って行ったということができる。

Ⅱ 領国制下の支配体制

1 方分

大名領国制の進展は、室町幕府の衰退とうらはらに達成されて行くものである。従っ

方分

て幕府の補任する守護職は漸次形骸化し、影を薄めて行くこととなる。守護職がそうしたものとすれば、この下の守護代、或いはさらにこの下の小守護（或いは又代官）が消滅の方向に進むのは当然である。

こうして守護或いは守護代に代わって、新たに大友氏下の領国制下に義長（宗麟の祖父）治世下のおよそ永正年代から登場するのが方分(かたわけ)である。方分については、「当家（大友氏）筆法之抄条々」（大友文書）に、

宿老へ方分仰せ付けられ候事。（原漢文）

とあり、宿老（年寄）に方分を命じ、それぞれ、特定の地域支配に任ぜしめた。これは大友氏独特の職制であるといってよい。田北学氏は方分の語義について、特定の地域の方面分担の意から出たものではないかと推定されている（『続編年大友史料』八、一五三ページ、その他）。

方分の所管区域は一般に国を単位とし、そこの軍事・行政権を掌握する。ただし次項に示す政所・検使、その他の諸奉行との命令指揮系統は、先の守護下においてみたほどに緊密整然たるものではない。それは方分の主要任務が主として軍事指揮にあったこと

城督

国奉行

とも関係があろう。具体例を挙げると田原親賢は、天正八年（一五八〇）頃豊前方分として妙見城（大分県宇佐郡）の城督ともなり、この城に拠って同国の軍事その他の指揮に当たった（大友文書）。また弘治年間小原鑑元は肥後方分として同国南関城（熊本県玉名郡南関町）を管していた。同二年同氏が叛いた際、およそ二万の軍がこれに与同したという（『大友興廃記』）。筑前方分には天正年間、木付兵部少輔鑑実が同国方分として柑子岳城（福岡市西区）の城督を務めていた（志摩郡古文書）。また臼杵鑑速が一時肥前方分を務めたことは先にも述べた。天正六年頃肥後方分であった志賀親安について、これを（肥後の）「国奉行」と称している（西安寺文書）のは、こうした方分が、守護或いは守護代の後身として一国を管する立場をよくいい当てたものであるということができる。

しかし方分は必ずしも一国を管するとは限らず、豊後本国については、むしろ郡単位に任ぜられており、征服地より密度の高い支配が行われていたらしい。たとえば天文七年（一五三八）当時、玖珠方分に田北親員が（大友文書）、また年未詳であるが、やはり同郡方分に山下長就が（野上文書）任じていた。しかし豊後の場合、常に各郡ごとに整然と方分が任ぜられていたわけでもなかったようである。

郡代

筑後諸郡代

守護大名或いは戦国大名は、いずれにしろ過渡的権力である。そのため支配機関も決して固定していない。特に筑後国の場合、豊後以外の征服地の中では支配権が比較的波及しており、それを反映してややみるべき体制がみられた。すなわち筑後にあっては、義長治世下の永正年間まで断続的に守護代がみられる（田尻家文書、その他）。そして他に郡代もみられる。しかしこれら郡代は、必ずしも守護代の下僚として機能したものでもなかった。この点松岡久人氏によって明らかにされた大内氏の豊前支配（同氏「大内氏の豊前国支配」『広大文学部紀要』二三―二）が、守護―守護代―（各）郡代という比較的整然とした体制をとっているのとはいささか異なる。すなわち竹野郡代（小川文書）・上妻郡代（上妻文書）等各郡ごとの郡代に対し、大友氏の意を奉じた年寄の奉書（上意をうけて下達する文書）がいきなり直接に発せられていることなどがこれを示している。また時に「筑後郡代」（或いは「筑後諸郡代」（入江文書、その他））等、一国全域を管する郡代すらみられる。この点に関して『日本史辞典』（京大国史研究室編、創元社）は、守護代は郡代の別名であるという説明をしている。一見奇異にみえるこの説明が、どういう実証的成果の上に立ってなされたものか分からないが、こと大友氏の統治に関しては当たらないこともない。

それはともかく筑後守護代・郡代をみると、複数名からなる場合、本国の豊後と、征服地である筑後の双方の出身者を以て構成している。たとえば永正五年（一五〇八）頃の守護代には小原・三原両氏が任じたようであるが（草野文書）、前者が豊後、そして後者が筑後の出身であった。また竹野郡代には津久見・小川・敷部三氏が任じているが（小川文書）、津久見氏のみが豊後、他二名は共に筑後出身であった。他にも述べるように、永正十二年（一五一五）大友義長の発した条々に、特に筑後国について、

一、当国の者、一人二人つゝ筑後在国ある可きの事。（原仮名混り漢文）

とあるのはこれを指すものである。

しかし以上のような筑後に対する守護代・郡代の支配のありかたは、あくまで過渡的な体制であって、これも義鑑・宗麟代に至ると、方分その他の体制の中に、発展的に解消したもののようである。

2　諸奉行人・検使その他

大友氏の領国下にあっては、右の方分の下に、さらに臨時に必要に応じて諸奉行人、

及び検使を任じてことに当たらせている。ただしこれらは必ずしも方分の下僚として、その命令下に動くものではなく、むしろ独自に直接中枢部の命令を受け所務に任ずるものであった。

段銭奉行
道作奉行
欠所奉行

諸奉行について具体的に述べると、まず豊後国については、「国東郡段銭奉行」「速見郡段銭奉行」（共に『続大友史料』二、六七六）、「佐賀郷（海部郡）道作奉行」（平林文書）・玖珠郡の「欠所奉行」（『続編年大友史料』七、一〇）、その他征服地については「筑後国段米奉行」（太宰府天満宮文書）等々のものがある。これらは各々右の奉行名にみる段銭・段米・道作・欠所地（知行人不在の地）等に関する所務の必要に応じて任ぜられるものであった。

豊前国検使

しかしその他、さらに広汎に認められるものに検使があった。その所務は極めて多様で、個々相違する。たとえば永禄八年（一五六五）十月にみえる豊前国検使の場合、その所務は次のようなものであった。

(a)宇佐神宮領及び神宮寺領、(b)椀飯（供応のための食事）、(c)欠所地の処理、(d)横暴な百姓の成敗、(e)段銭の徴収、(f)所領給与の手違いその他の処理、(g)給地を得ながら、年頭・八朔（八月一日の祝日）等に際し欠礼した家臣の処置、等々であった。この場合、検使は帆

代官

足民部少輔（豊後玖珠郡出身）以下、一〇名の豊後出身者から構成され、所管区域も豊前一国の広大なものに及び、また所務事項もこのように多岐に亙っている（『大友史料』一、二五二）。その反面、単に或る特定の欠所地の処理のみを内容とする、単一人よりなる検使もみられるのである（薬師寺文書）。この他、検使にはなお軍事面に関わるものがある。たとえば宗麟は、永禄十年（一五六七）に叛いた高橋鑑種の攻撃に際して、生善寺・田尻両氏を検使として現地に送っている（『大友史料』一、五四一）。恐らくは攻撃軍の活動状況その他の監視に任じたものとみられる。同様に義統は、豊前高岩城の城番人に対する検使として、下村治部入道・平林弾正忠の両人を同城に送り込んでいる（平林文書）。検使とは本来こうした監視者としての性格を有するものであったとみられる。こうした事情から、検使は本国豊後の出身者であって、これ以外の征服地よりの出身者が任ぜられることはなかった。

なお直轄地に対しては代官職を任じ、所務に当たらせている。たとえば志賀民部大輔は、享禄元年（一五二八）十月当時直轄地である直入郡直入郷長田名の代官職であり、その役料として、同名内七ヵ所に計三貫七〇〇文相当の給地を得ていた（志賀文書）。

政所

こうした代官は別に政所とも称せられた。同じく直轄地大野郡緒方庄には二名の代官が居り、「緒方庄両政所」(久保家文書)と称せられた。同様大分郡高田庄には「高田庄政所」(中村家文書)がみられた。彼らがその各直轄地からの徴税・軍役・犯罪人の取締り等の所務を行なったことはいうまでもない。たとえば緒方庄政所は大永八年ごろ謀叛人逮捕成敗を命ぜられ(大友文書)、同じく天正五年(一五七七)十二月には、庄内から間別銭の徴収を行なっている(柞原八幡宮文書)。また直入郡直入郷代官志賀親家は、また同所の検断職をも併せ帯し、大友親綱の求めに応じて同所から夫丸(人夫)を提供している(志賀文書)。

しかし先の検使もまた直轄地に関わりを有することもあった。

> 御料所々務、御検使へ御書之事、松本名当秋務(年貢徴収)之事、辛労ながら両人検使として、堅固に相調えらるべき事肝要に候。(下略、原漢文、大友文書)

とあるのはこれを示す。

目付・耳聞

なおこの他、後述する大友義長の条々に、諸郷庄に目付・耳聞を置いて時宜(情勢)を知るべきの事、とあり、一種の諜報機関をも有したらしい。

以上領国制下における大友氏の支配体制をみたわけである。それは極めて不統一で、しかも一貫性を欠くものである。しかし一応、方分・諸奉行・検使等よりなることが分かる。しかしこれらが各独自に活動するのみで、相互に有機的な連繫をなして、体制を構成し、機能を十分に発揮したものではなかったといわねばならない。

三 軍事体制

I 軍事組織

被官制と寄子同心制

戦国大名が家臣を軍事編成するのに、大名が家臣との間に個別に主従関係を結んだ被官制による場合と、寄子・同心等として集団的に編成する二つの方式のあることは従来説かれて来たところである。こうした軍事編成のいわば二重構造の存在は、大友氏の場合も例外ではない。

このうち、前者はいわば武士発生以来認められた方式のものであって異とするに足らず、特別な論述は必要としない。従ってここでは後者を中心に論ずることとしたい。これにはまず初めに、こうした寄子・同心の原型ともいうべき、家臣間の結合についてみておかねばならない。

一揆・衆中

一体南北朝期以後、独立独歩し得ない中小領主が、互いに一揆・衆中等を結び、横の連合組織を編成することは広く知られるところである。この点戦国期の大友氏領国下でも見られたことはいうまでもない。たとえば豊後速見郡山香郷日差村では小野尾氏を初めとする東西一揆(別名本一揆)があり(田北文書)、同じく同郡大神村には真那井衆中なるものがあり(渡辺文書)、また同郡由布院には右田・荒木氏等を中心とする由布院衆なるものがあった(大友文書)。また同国東郡竹田津庄には竹田津寄合中(岐部文書)、同郡伊美村には伊美寄合中があった(同)。また豊前宇佐郡には三十六人衆があり、同郡内四日市には四日市切寄衆中(別名渡辺寄合中)という渡辺氏一族の集団があった(渡辺文書)。さらに肥後山鹿郡内田村には、内田氏一族を中心とする内田寄合中なるものがあった(内田文書)。筑後上妻郡には上妻氏を中心とする上妻郡一揆(寄脱カ)合衆中なるものがあった(上妻文書)。

寄合中

このように結合には一揆・衆中・寄合中等諸種の名称があり、かつまたその地域基盤も郡・院・郷・庄・村等多様である。そしてこれらはおおむね同族集団であった。これらは従ってほとんど自主的集団であって、この間大友氏による結合編成についての強制

内田寄合中

は認め難い。

さてこの結合の実態を、肥後内田寄合中の例によって検してみよう。まずこの構成者である内田氏は、肥後相良氏の一族で同国山鹿郡内田村に住し、戦国期には、他の牛島・田尻氏と共に山上衆と称された。戦国期（年未詳）における構成者と、各人の知行高を示せば次の表のようになる。

人名	知行地数	知行高 町	知行高 反
内田和泉守	3	6	5
〃 三郎	2	6	5
〃 三郎左衛門尉	2	4	
〃 左近大夫	1	3	
〃 新十郎	2	2	8?
〃 五郎左衛門尉	2	2	
〃 新左衛門尉	2	1	8
〃 因幡守	1	1	5
〃 藤四郎	2	1	4?
〃 忠左衛門尉	3	1	3?
〃 藤兵衛尉	2	1	3
〃 与市	1	1	3
〃 太郎兵衛尉	2	1	2
〃 善左衛門尉	2	1	2
〃 次郎左衛門尉	2	1	1
〃 蔵人允	1	1	
〃 五郎兵衛允	1	1	
〃 清左衛門尉	1		7

『熊本県史史料編』二，13ページ。「山上内田覚悟之地」により作成

これによれば内田寄合中は全一八名を以て構成され、その知行高は七反から最高六町五反の間に分布している。このうち内田左近大夫が彼らの中の指導的地位にあったらしいが、その知行高は全体のやや平均的なところにあって、決して圧倒的優位を示すものではない。従って全体的に共和的結合で

あったとみられる。

寄子

名代

大友氏にあっては、こうした家臣間の結合をそのまま軍事組織に利用している。この内田寄合中は天文二十年(一五五一)、肥後方分小原鑑元の下に、他の田尻・牛島氏と共に山上衆として、さらに他の日多衆・小窪衆と共に寄子として編成され、軍事活動を行なっている(内田文書)。また先の豊前の四日市切寄衆中は、小田原左京亮の下に編成され軍事活動を行なっている(渡辺文書)。さらに先の豊後速見郡山香郷における山香郷一揆中の者は、名代として派遣された某人物の指揮の下に軍事活動をしている(志手文書)。

裁判・指南・寄親

同心・同陣・同城

城督

この際こうしたグループの指揮者は、右の名代の他、裁判・指南・寄親等々と称された(渡辺文書・草野文書、その他)。一方こうしたグループは、先の内田寄合中が寄子と称された例を挙げたが、この他同心・同陣・同城等と称され、それは軍事指揮下に編入される行為自体をも意味した(恵良文書・香下文書、その他)。そうしてこうした各グループの指揮者の更に上に立って、大軍団を統率する者が、先の方分等であった。彼らは城主となる際は特に城督等とも称された。たとえば先述の肥後方分小原鑑元は肥後南関に屯し、弘治二年(一五五六)に叛いた際には、『大友興廃記』によると先述のように二万の兵を配下に置いて抵

桑波田氏説

知　行　地	面積
豊後国東郡伊美庄内	町 2
肥後玉　名　郡　関	45
〃　東郷西肥猪	21
〃　伊倉内小島浜分地	21
〃　臼間野坂下	33
〃　下長田	5
合　　計	127町

肥後方分小原鑑元の知行地。『増訂編年大友史料』二十により作成

抗したという。鑑元の知行地は、その駐する肥後玉名郡関に四五町を有する他、同郡内に合わせて一二五町、及び豊後国東郡伊美庄内に二町、総計少なくとも一二七町の知行地を有するものであったことが知られる。

なおこの寄親と寄子等の軍事指揮者と被指揮者は固定された関係ではなく、絶えず編成替えが行われている。この点に早く着目した功績は、桑波田興氏に帰せねばならない（同氏「大友氏家臣団についての一考察」『九州大学九州文化史研究所紀要』八・九号）。氏によるとこの編成替えは、同一の連続した作戦行動に於いても採用されたという。たとえば天正十二年（一五八四）義統に叛した筑後の蒲池鎮運及び田尻鑑種両氏を攻撃し、功績を抽んでた中村助兵衛尉に対し、義統が感状を与えてこれを賞した感状が残っている。それによると、この場合、まず同年八月の時点にあっては、中村氏は高橋紹運に同心して功を抽んじているが、その後は別の小佐井左京亮に同心して功を抽んじていることが分かる（『続大友史料』三、八一三・八一四）。この変動について桑波田氏は、指揮者・被指揮者

の両者を「固定的ならしめるべき身分制的階層秩序が確立していなかったことを現わすもの」とされた。もっともな主張である。だが筆者はそれ以前の問題として、むしろ両者の私的主従関係の成立を阻止すべく、大友氏によって意図的に編成替えがなされた点が強調されるべきであろうと思う。

Ⅱ　城郭の構築とその守備

戦国大名大友氏が政治的・軍事的権力である以上、城郭が重視され、これが構築をみたことは当然であった。そしてその一族・家臣もまたこれに倣った。この結果戦国期には、領内至るところに城郭が構築されることになったのである。大友氏の丹生島城（大分県臼杵市）や、志賀氏の岡城（同竹田市）等は、その構造・防衛上の観点から他を抜いている。志賀氏にはこの他白仁城（同直入郡）、田原氏には鞍掛城（同豊後高田市）・安岐城（同東国東郡）、一万田氏に一万田城（同大野郡）・鳥屋山城（同）、戸次氏に鎧獄城（同大野郡）、田北氏に熊牟礼城（同大分郡）・蛟尾城（同速見郡）、佐伯氏に栂牟礼城（同佐伯市）等々のものがあった。『大友家臣城主姓氏録』によると、天正年代大友氏家臣で城主たる者は二三七人であったと

丹生島城・岡城

『大友家臣城主姓氏録』

切寄・要害

本城

端城・足城・子城

岡　城　跡（大分県竹田市）

していることになる。少なくともこれと同数の城が領国にあったことになる。

単に城郭といっても、そこには構造・規模において種々のものがあった。簡素な砦の類もあり、これらは切寄・要害等とも称される。地域的領主である家臣等が、一族で数個の城郭を構えることも少なくなかった。このうち領主の居城として、最もその中心をなすものを本城という。これに対して、その外郭周辺に散在し、一族がこれに勤番して守備した城を足城・子城、或いは端城等と称した。天正八年（一五八〇）田原親貫がその本城たる国東郡の鞍掛城に拠って大友氏に謀叛した際、彼は所々に足城を構えて楯籠ったとある（立花家文書）。筑後田尻丹後守鑑種の場合、その本城は矢部川の西方の鷹尾城であり、これを挾んで川の東方に、江浦城（城番田尻龍哲）・堀切城（同福山将監）・浜田城（同田尻大蔵）・津留城（同田尻石見守）と四箇の端城が南北に配備されていた（田尻家文書）。

水之手

こうした本城には本丸の他、出丸・二の丸・櫓等が普通設けられる。豊後速見郡の木付城の出丸・二の丸等はそれである。その正門を大手（追手）、裏口を搦手といい、秘密の抜け道として間路を設けたりなどした。また籠城には水が不可欠であって、このための取水口を水之手と称し設けた。水之手を切り取られることは、城郭としての機能上ほとんど決定的な意味をもち、従ってそれだけに攻城の上で、これを寸断することは大きな功績とされた（『大友史料』二、二八九）。こうした城郭の周囲には堀をめぐらし、外敵の近寄るのを防いだ。

根小屋・麓小屋

城郭は早期にはおおむね峻険な山頂に設けられた。これら城郭の麓には根小屋、或いは麓小屋などと称する日常の行政・生活のための館が営まれた。たとえば大友氏年寄ともなった直入郡の朽網（くたみ）親満について、「親満居城は山なり。常は麓の屋敷に居住なり」と、『大友興廃記』が記すのは最もよくこれを示す。田原親賢が一時城督として勤番し

館村

た豊前妙見岳（大分県宇佐郡）の妙見城も、城は「大変高い山の上にあった」が、親賢はその下の麓に居た、とルイス＝フロイスは記している（「天正十二年年報」）。従って一旦合戦の際、被官や同心等の部下は、その領主の麓小屋に集合し、その後城に上り、或いは他に発向したらしい。豊前香春岳城（福岡県田川郡）の麓には館村がみられた（後藤作四郎文書）。館を中心に、素朴な城下集落が形成されていたのである。

城誘

築城のことを当時城誘（ごしらえ）と称した。築城には奉行を任じ、これに当たらせた。そして家臣の恣意的な築城は、一応これを禁ずる建前であった。先の田尻氏の鷹尾城の場合、田尻氏が築城の許可を求めたのに応じて許したものであった。田原親宏も大友氏に鞍掛城修築について許可を求めたらしい。

家臣が謀叛の危険性を有しているだけに、城郭の構築・撤去は種々検討を要した。大友義鑑の置文でも、筑前立花城の存否について問題にしていることはすでにみた通りである。筑後田尻氏も天正期に大友氏に叛し、肥前龍造寺氏に一旦服したが、この際大友氏は端城の一つ堀切城のみの存続を許し、残る先述の鷹尾城以下の四ヵ城の破却を命じ、一族を全て堀切城に移させている（田尻家文書）。

城郭には基本的に二つの性格のものがある。勿論それは明確には区分し難いものである。しかしそうした中にあって、一つは各家臣（領主）固有の私的性格の強い城郭であり、今一つは大友氏の領国防衛のため家臣を勤番せしめる、公的性格の強い番城と称されるものである。前者についてはすでに多く述べて来たので、ここでは後者について述べよう。この後者のものは、大友氏の支配本国である豊後より、むしろこれ以外の征服地、しかも外敵と接近した周辺部に多く認められる。その主要なものには豊前妙見城（大分県宇佐郡）・筑前立花城（福岡県粕屋郡）・同柑子岳城（同福岡市）・肥後南関城（熊本県玉名郡南関町）等々がある。たとえば田原親賢入道紹忍は、一時豊前方分、或いは宇佐郡代に任ぜられ、これに伴って同郡内の妙見城督として、この城に勤務を命ぜられたのであった。なおこの妙見城は、かつて大内氏の抱城であり、同氏が豊前守護として同国を支配していた当時、同氏の豊前守護代（杉氏、その他）の拠城となっていたものであった（『豊前志』、その他）。この例にみるように、番城は単なる軍事的機能のみでなく、政治的機能をも果たした。筑前柑子岳城は筑前志摩郡代の拠城であり、肥後南関城は肥後方分の拠城であった。もっとも日常の行政・生活の場が麓の館にあったのではあるけれども。

城番役

さてこうした番城に、家臣が勤番する軍役を城番役と称する。そしてこうした勤番の者を同城衆等と称したことは先に述べた。この勤番は数ヵ月から、時に数年に及んだ。たとえば筑後の問注所統景は、某城の城番が三ヵ年に及んだという(『大友史料』二、一四三)。

城料

こうした軍労に対して、特別に城料等として一定の知行地を給することもある。同じく右の問注所統景は、筑後長岩城(福岡県浮羽郡)勤番に対する城料として、大友義統から筑後生葉郡内山北八〇町の知行地を給せられている(『大友史料』二、七一)。

こうした城番としての勤務に対しては、検使等をもってこれを監察せしめた。なお、先述の豊前高岩城では、城番人に対し、二名の検使が二〇日間在城監察した例がある。また永禄二年(一五五九)九月、大友氏は毛利氏との合戦に当たって、豊前の安心院中務大輔興正・佐田弾正忠隆居の両名に豊前馬岳(うまがたけ)(福岡県京都郡・行橋市)城番を命じている。この際大友氏は佐田氏から隆居の子息鎮綱を人質に取り、さらに田原親賢・親宏の両名を彼らの「裁判」に任じている。かくて田原氏は、佐田氏の軍労の情況を検し、この間における合戦の軍忠報告を佐田氏から受け、これを更に大友氏に報告している(『熊本県史史料編』二、二八六〜二九二ページ)。時に謀叛の恐れのある者を城番勤務させる場合、このように極めて慎重な配慮を行なっていることが分かる。

四　分国法の制定

Ｉ　「政道十九条」は偽作

『大友興廃記』によると、宗麟は家督を嗣いだ三年あまりの後、「大友家政道条々」という一九ヵ条よりなるものを制定発布したとしている。いわゆる「政道十九条」と称されるものがそれである。その内容を抄記すると次のようなものである。

大友家政道条々

大友家政道条々

⑴一、国中の神社・仏閣、小破の時、其の所の代官或いは領主、かねて訟（うったえ）、修理並びに祭礼等を加え、古法を濫るべからざる事。

⑵一、文武の道相嗜（たしな）むべき事。治世に於ては文を以て先と為し、乱世に於ては武を以て先と為す。而して治に乱を忘れず。甲冑・弓馬・戈矛等常に貯わえ置くべきものなり。

（中略）

(4)一、清廉を専らにすべき事。士民百姓に至りては、憐愍を加えて撫育せしむべきものなり。古にいわく、衆を得れば則ち邦を得、衆を失えば則ち邦を失う、誠なり。

(中略)

(7)一、諸侍倹約を用いらるべき事。富める者弥誇り、貧なる者恥るに及ばざれば、是より国家の凋弊甚だしきはなし。ここに於て厳制せしむるところなり。

(中略)

(9)一、群飲佚遊を制すべき事。厳制に載する所殊に重し。好色に耽り、博奕を業とするは、これ亡国の基なり。

(中略)

(18)一、府内に於て昵近の侍の外、長草履・木履停止の事。附たり、諸出家は制の外なり。並びに医師、六十已上の者、女性はこれを聴す。雑人は足半を用うべきものなり。

(中略)

天文十一(マヽ)年三月朔日　　義鎮（原漢文、ナンバーは筆者）

さてこの条々について、古く梅木俊次氏はこれを正しく義鎮の制定したものとして説かれた（同氏「大友宗麟考」『国学院雑誌』三一―四）。しかし筆者はこれは偽作であると考えている。筆者と同じ見解をとるのは他に久多羅木儀一郎氏がある（同氏「大友宗麟伝雑考」『大分県地方史』一三〜一六合併号）。

制定年代

さてまずこの条々の制定年代についてみよう。先述の『大友興廃記』は、この条々の制定のいきさつについて、「義鎮公（中略）義鑑公御遠行（死去）以来三ヵ年は万事先規の節目を執行はれ、今古法に新政を相加へ十九ヵ条を相定めらる」としている。とすればこの条々の制定発布された時期は、義鑑死去後三年ないしそれ以後程遠からぬ時期ということになる。ところで義鑑は先述のように天文十九年（一五五〇）二月に横死を遂げたのであるから、この条々は、右の記事に従うと、天文二十二年（一五五三）ないしそれ以後という事にならねばならない。しかし条々の最後に記されている制定時期は天文十一年（一五四二）三月朔日となっていて、これと頗る矛盾する。天文十一年はいまだ義鑑の治世中である。この点においてまず疑うべきである。もっともこれは天文二十一年とすべきところを「二」を脱落したものではないかと考えられぬこともない。しかし仮りにこれを認めるとしても、次に述べる内容等からして、到底宗麟のものとは考え難い。

条々の内容についてみてみよう。まず第二・三条に文武の道、殊に武を練るべきことを揚言しているが、これは逆にこうした武を修練する風が、衰微した現実を踏まえて記されたものとせねばならない。宗麟時代の戦国期にあっては、家臣は皆武を練っていたはずであり、特にこうした条々を設ける必要はなかったのではあるまいか。これは「元和偃武」以後のものである。第二条に「文武の道相嗜むべき事」とするのは、久多羅木氏も説くように江戸幕府の武家諸法度に、「文武弓馬の道、専ら相嗜むべき事」とする文言を模倣して作成したものという他はない。また侍（七条）・土民百姓（四条）等々の語が含まれており、また昵近の侍の他は長草履・木履を停止するとするもの（一八条）などは、これまた身分制の確立した時期の作成であることを示している。いずれにしろこれは、偽作というには誠に不出来な創作である。到底義鎮の制定したものではあり得ない。

武家諸法度に倣う

Ⅱ 「大友義長条々」の限界

それでは宗麟の治世下にあって、制定公布されていた分国法はあったのであろうか。この点について今少し古い時期に遡ってみてみねばならない。一体大友氏にあっては、

大友義長条々

同氏が戦国大名としての性格を強めて来る宗麟の祖父義長が、その晩年の永正十二年(一五一五)十二月二十三日に制定公布したいわゆる「大友義長条々」、及び宗麟の父義鑑が卒去直前の天文十九年(一五五〇)二月十二日に発した条々の二つが一般に最もよく知られている。このうち後者については、すでに掲示した通り一一条から成るものであるが、何分卒去直前に早急に着想を列挙したものであって、領国統治全般に関する方針を総括的に記したものではない。従って単なる置文程度の域を出ていない。まして父から疎まれていた宗麟がこれを十分に尊重したとも思われない。

一方「大友義長条々」は、本文一七条・追而書八条の計二五条から成るもので、発布した義長の制定状況や、その内容等が多面的に亘り、かつほぼ完結した分国法としての条件を備えているなどからして、正に大友氏の代表的な分国法であると思われる。しかも異筆で、「義鑑・義鎮を経而義統へ」と、条々の下に追記されているところからすれば、単に制定者の義長の時代のみでなく、その後義鑑・宗麟から義統へと歴代遵守され、現実に施行され、かつ拘束力を有したらしいことが推測されるのである。しかしこれもなお仔細に検討すれば、二‐三不合理な点のあることが分かる。冗長になるので条々全

普遍性を欠く

文を提示するのは避けるが、一般的でなく、普遍性を欠く条規が少なくない。たとえば「母に疎儀有るべからざる事」（五条・原漢文、以下いずれも同じ）・「妹孚べき事」（七条）等は、制定者である義長の意とは別に、一般化して利用することが全く不可能ではないとしても、「北大方殿、同じく肥後の伯母何も疎儀有るべからざる事」（八条）とするものや、また「大内高弘・小笠原光清不慮に在国す、外聞実儀候の間、別して丁寧たるべき事」（追而四条）等々に至っては、到底後代まで受入れうるべき規定ではない。

不体裁な内容

それでも後世、内容的に採るべきは採り、受入れ難いものは捨てて、臨機応変に処置していたともみられる。しかしやはり分国法としての不体裁は、覆うべくもないといわねばならない。

Ⅲ 「新大友義長条々」の性格

右のように、いわゆる「大友義長条々」が宗麟当時遵守施行されていたとしても、種々の限界のある点誠に遺憾であり、もどかしさが感ぜられる。ところが福岡県柳川市の旧立花伯爵家に所蔵されている「大友文書」の中に、先年筆者はたまたまこうした不満を解消してくれる条々を発見した。

立花氏

立花氏は大友氏六代貞宗の子貞載が、筑前立花（福岡

多くの大友文書を所蔵する旧立花伯爵邸（福岡県柳川市）

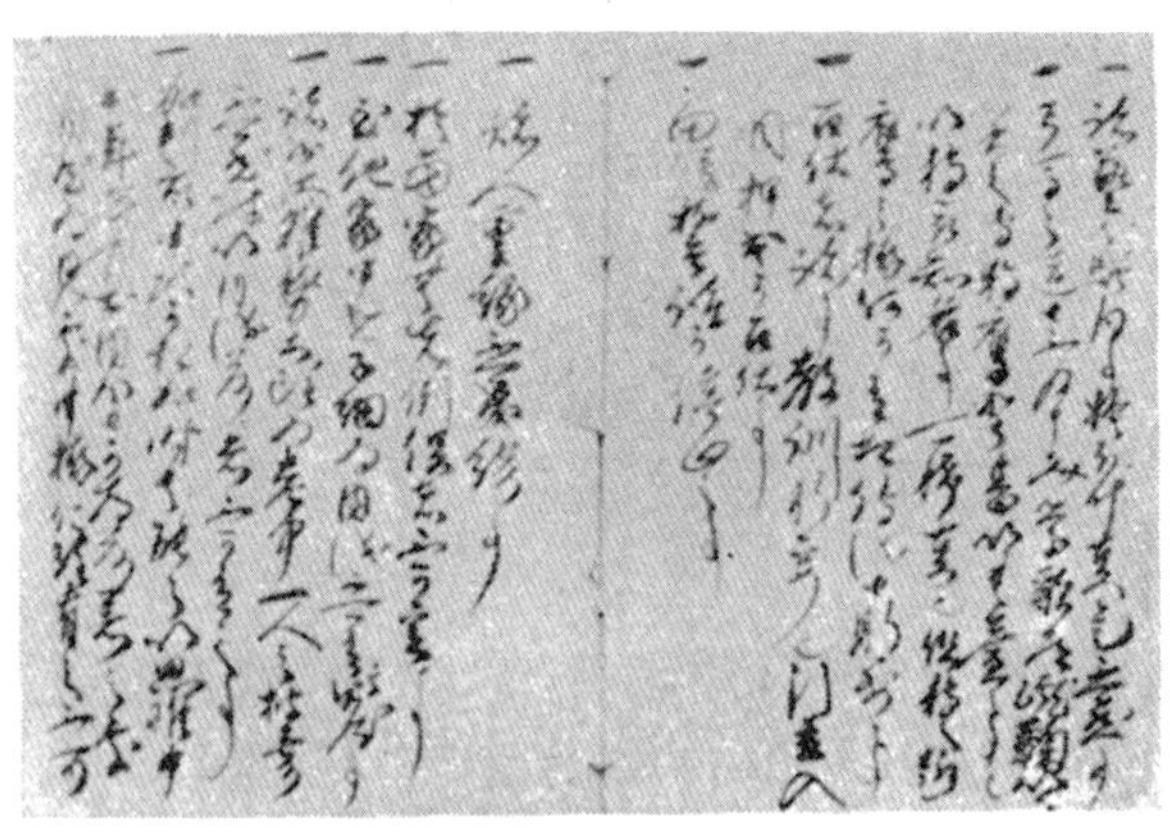

新大友義長条々写（立花和雄氏蔵）

県粕屋郡）に住して立花氏を称したのに始まる。西大友ともいわれ、のち鑑載が宗麟に叛し、戸次鑑連が遺跡を嗣ぎ、その子統虎（宗茂）が近世大名として筑後柳川の領主に取り立てられ、本家たる大友氏が改易されて衰退したのとは逆に、大いに発展することになったことは先にも述べた。

大友家文書、立花氏の有に帰す

江戸時代わずかに高家（こうけ）に補せられていた大友氏は、財政不如意に陥り立花家から借財したのであるが、この際伝来の文書を質として立花家に打渡し、借金返済の不可能なるまま、その文書が立花家の有に帰し、今日まで同家に伝来することになったのである（或いは大友氏滅亡の際、同家に預けたともいう）。筆者はこの膨大な「立花家所蔵大友文書」を、当主立花和雄氏の御好意で披見する機会を得た。ところがこの中に、先述した「大友義長条々」と前半部は酷似しておりながら、後半部にはこれにない全く新しい内容の条々を記した、いわば「新大友義長条々」ともいうべき条々を発見することが出来た。これ

新大友義長条々

についてはすでに学界に報告したが（外山「新大友義長条々の発見」『日本歴史』二六三）、一口にいってこれは先の「大友義長条々」の示す一般性を欠いた条々を、普遍性を持つべく改変したものであった。いまこれを提示しよう。

条々

一、寺社造営、油断なく申し付けらるべき事。

一、親に疎儀（疎略な振舞）有るべからざる事。

一、祖父・祖母に心を添えられ奉公有るべし。殊に当時（現在）御知行の御給地等、御在世の間、相違ある可からざる事。

一、公儀（幕府）の拵を守らるべき事。

一、兄弟孚む可き事。

一、年寄衆常に在宅然る可からず、式日に至りては懈怠なく相談有る可き事。付けたり、四つ以前を以て出頭、七つ以後帰宿有る可き事。

一、寄有（縁故関係）之聞次（報告）、一人を以て披露の時は、贔屓偏頗（片寄り）に似たる覚悟の儀申さる可き事。

一、昔より傍輩近付法度（禁止）の事、これまた用心の気仕かの事。

一、一姓親類与力（手を結ぶこと）曲事なり。理非分別の沙汰に於ては、一姓他姓の合力入るべからざる事。

寺社造営

年寄衆

一、奉公の浅深、忠節の遠近、忘却有る可からざる事。

一、若輩の楽言（軽卒な発言）許容有る可からざる事。

一、内訴の儀、縦《たと》い理運の子細（もっともな事情）たりと雖も、許容ある可からざる事。

一、隠謀野心の外は、常式《つねしき》の儀（ささいなことがら）、所帯《しょたい》（所領）を没収す可からざる事。

一、哀憐を以て、諸人を召仕う可き事。

進物を求む

一、進物の類、油断なく求めらるべき事。

一、諸郷庄、目付・耳聞を以て、時宜を知る可き事。

一、当国の者一人一人充、筑後に至りて在国在る可き事。

一、他国の方当国滞留の時は、大小に依らず疎意（疎略）す可からざる事。

朔・十五日対面

一、朔・十五日対面の事。若し近郷の者出仕無沙汰に於ては、交名（名簿）を注せらる可き事。

諸芸

一、諸芸は得たる事（得意な事）に騒ぎ、叶はざるを捨つる事、これ然る可からざる事。

一、弓馬の道は申すに及ばず、文学・歌道・蹴鞠以下これを閣《さしお》き、独り鷹野を専らにするは、甚だ以て無益の事なり。狩を以て名を知らるる事は稀なる可き事なり。

但し狩の趣、鷹の拵、何れも相伝有る可きの儀は、肝要の事なり。

一、召仕は諸事教訓肝要なり。入目(いりめ)なる(控え目の者)を引立て、出でたる(出過ぎた者)を押して召仕う可き事。

誓談停止

一、向後誓談(誓いごと)停止す可きの事。

一、諸人の重縁(通婚)、綺い(いろい)(干渉)をなす可からざる事。

一、当家に於いて、先例なき役は定む可からざる事。

一、他家に至りて申し遣わす子細、内儀(内密)として其の沙汰有る可からざる事。

一、諸沙汰雑務等、老中たりと雖も一人の披露(伝達)然る可からず、殊に内儀を以て落着(決定)、これある可からざる事。

加判衆

一、加判衆・申次相加う可き時は、能々思惟を以て申し出で、年寄中同心に於ては落着たる可きの処、自然の見処を為して申拵う仁(意見を述べる者)ありと雖も、許容に及ぶ可からざる事。

一、諸侍緩怠(かんたい)の時、然々糺明を以て下知を加う可きの処、万一一人の儀として申す旨有りと雖も、かつて同心有る可からざる事。

不儀顕然の族

一、不儀（宜しくないこと）顕然の族退国（追放）の上者、永く赦免有る可からず。況んや内々を以て申し通す儀、聊もこれ有る可からざる事。

自筆状

一、自筆状卒爾（軽卒）に之を認む可からず、その余右筆（書記）の外用う可からざる事。

一、忠節の奉公無しと為て、京都（幕府）に於て大訴、停止すべき事。

一、他家の客人の参会は然る可きなり（認められる）。傍輩中（家臣）の参会は停止の事。

奉書

一、年寄中の外、奉書（大名の意を奉じて発する書状）の儀有る可からざる事。

一、女中方への出仕、停止す可き事。

家居結構宜しからず

一、所々の城誘を止め、家居結構然る可からざる事。

一、雑談嗜むべき事。

一、聊爾（かりそめ）の夜行す可からざる事。

一、隠居として公儀拵、然る可からざる事。

右の旨趣、聊も相違ある可からざるものなり。

享禄第三十二月六日

（原漢文）

三九条

以上のごときものである。右のうち二二条までがほぼ「大友義長条々」と共通した部分であり、これ以下が独創的な部分である。かように前半部が「大友義長条々」と酷似するため見落され、今日まで埋れていたものと思われる。条々は全て三九条より成り、奥に、「享禄第三十二月六日」の日付がみえる。恐らくこの条々が成立した日であろう。当時義鑑の治世であるが、特に彼の名は記されてはいない。だがこれが、従来の「大友義長条々」を基礎として、これに部分的な増補と改訂を加えたものであることは明らかである。

さてこのような「新大友義長条々」の成立については、享禄三年、大友義鑑の作成にかかるものと思われる。時あたかも宗麟の誕生の年に当たっており、従って一つには、これを機に義鑑が作成したものであるとも憶測される。くどくなるが、従来の「大友義長条々」の内容が一般性を欠き、そこから空文化が生じ、規定に不足が感ぜられるに至って、こうした新条々が成立したものと思われる。

しかしこの条々が成立した一方において、従来のものが義鑑・宗麟・義統時代に、なお施行をみていたこともほぼ動かせぬところである。とすればこの間において、この「新大友義長条々」はどういう位置を占めたのかが問題である。極端にいえば、果たしてこの条々が現実に施行されていたかに疑義が持たれるかも知れない。しかしこの点についてみると、この条々写の裏側に、同じくこの写の一部が異筆で記されていることが分かる。これからすれば、この新条々もやはり当時或る程度流布していたものと思われる。とすれば従来のものと、この新条々が享禄三年（一五三〇）以降には、同時に併行して施行されていたものといわねばならない。

こうした二系統以上のものが併存したものとしては、他にも甲州法度等に傍例がある。しかしこの大友氏のものは、単に異本が併存したというより、前条々の欠陥を是正すべく、必然的に新たに生み出されたものといわねばならない。

内容について少し述べてみよう。これは先の「大友義長条々」もそうであるが、領国主自体に対する訓戒と、家臣に対するそれとが混然としている点やや問題である。しかし公私の区分の明確でなかった当時として、双方にその内容によって、それぞれ遵守せしめることとしたものといわざるを得ない。

領国主の姿勢

まず領国主自身の姿勢について記したものからみてみよう。領国主たるものは寺社造営を怠るべきでなく、両親・祖父母・兄弟等と親密でなければならない。雑談を慎み、かりそめのことで夜行すべきでない。一旦隠居の上は公務に関与すべきでない。諸芸は狩のみでなく、全てに亘って一応修得しておくべきである。自筆状は軽卒に記すべきではない、等々が記されている。

家臣

次に家臣に対しては、奉公の状況についてかねて知悉しておくべく、若輩の楽言や、内訴等は許すべきでない。進物の類は遠慮なく受取るべきであり、彼らの誓談は禁ずべきであるが、重縁等に対しては干渉すべきでない。不儀顕然の者を追放したら、断じてのちこれを赦してはならぬ。恣意的な築城や、過分の家造りは好ましくない、等々を述べる。さらにまた諸奉行対策として、年寄衆は式日には必ず出頭せよ。筑後に一－二名の者を派遣し所務を行わせよ。先例なき役は定むべきでない。年寄以外の者が奉書を記すのはよくない、等々の規定がみられる。

優れた分国法

このようにこの条々は、多面的かつ多彩な内容を有し、ほぼ完結したものを備えており、大友氏における最も優れた分国法として高く評価したい。

Ⅳ　宗麟の覚

それでは宗麟は、こうした条々を継承施行するのみで、彼自身発した条々はないのかというと、そうではない。天正十二年（一五八四）発した、次のような宗麟の「覚」と称する条々がある。

覚

一、憲法（人のふみ行なうべき最も大切なことがら。道理）を先んぜられ、毎事思惟を以て下知を加えられ、簡要（マヽ）たるべき事。

一、一郡、同じく諸郷庄、公事沙汰出来せしめ、閉目（問題を処理すること）の上を以て、闕地（知行人不在の地）等これあるに於ては、方分並びに役所へ申し付けられ、裁判の人の申す旨に任せられ、堅固に下知を加えらる可き事。

一、調方（徴税のこと）の儀について、宿老申し談ぜられ候題目相定まり候事。次に直々分別を以て申し付けられ候儀相定まり候事。殊に当方の法儀、凡そ其の紛なく候事。

一、近習其の外召仕候人、領地に於て自然公事以下出来の時、ややもすれば直ちに検使を差遣わされ取沙汰前々より稀の子細に候の条、向後穿鑿（せんさく）専一たるべき事。

一、国中の諸侍重縁等を申し結び候とき、義統として詞（意見）を加えられ候事、自然は人に依るべく候か。たとい申す人有りと雖、軽々しき取沙汰は前々よりこれなく候事。

一、政道の閉目等の儀について、或は国衆、或は近習、その外諸侍中、召籠と号していたずらに取留置（抑留）候事、はなはだ然る可からざる事。

一、一郡並びに諸郷庄衆の儀、連々愛憐を以て奉公連続候ようありたき事に候。在陣等幾度も馳走（力を尽すこと）の事に候の間、所々の人数一人も懈怠なきよう、分別（配慮）あるべき事。

一、近辺奉公の立柄（仕方）、時宜仕合（その時々の行いかた）臓意等恣の様躰以外に候。第一大酒雑談麁相之躰、是非に及ばず候（よくないことがら）の条、これまた堅く申し付けられ候はでは国家の大綱これに過ぐ可からず候事。

一、義統の兄弟、同好中の儀、義統として別して心を添えられ、何篇も入魂に申すに及ばず候事。

一、屋敷普請（建築）等、折々油断なく申し付けられ肝要に候。殊に石火矢（大砲）・手火矢（鉄砲）いよいよ数を申し付けられ、玉薬等だんだん其の心懸専一に存じ候事。

一、粮（兵粮）等の事、これまた自然（万一）の時事欠かれざるよう才覚専要の事。

一、近習その外不断に勘忍の輩に至りて、その身に応ぜざる公役、同じく衣裳等に至る迄、分過ぎの馳走さらに然る可からず候。就中不退（不断）に召仕う辛労の人へは、慈悲を先とし、不便（あわれみ）を加えられ。専一に候当国ばかりの儀に候間、憐愍の外これ有る可からざる事。

一、盛岡の儀、これまた擽退（退ける）せらるべき事。

一、人躰を撰び、心持等を能々見切られ（見きわめる）近辺へ召仕わる可き事肝要に候。たとい忠儀の筋目（家柄）たりと雖も、不覚悟の輩（忠勤を励まない者）に於ては、近辺へ召置く可き事、はなはだ然る可からざる事。

一、右の条々、凡そ存知次第書付申し候。近来老にほれた（老ぼれた）る申し事に候へども、余に世上笑止（困ったこと）に見及び候の条、大形書き注し候。分別無きに於ては愚老（宗麟）罷り出で、推参の儀かつて成り申すまじく候。このいわれ相心得られ候て、義統へ申し達せらるべく候。以上。

天正十二年卯月三日　　　　（花押）（宗麟）

（志賀）道輝

（門司）親家

（原漢文、大友文書）

というものである。ただこれを直ちに分国法と断ずるには一―二の問題がある。第一は宗麟の資格である。後述のように彼は、天正四年（一五七六）に引退して以来、当時領国主の地位になかった。もっとも引退後の同七年、重臣等の強い要請で義統を補佐すべく治世に乗り出し天正十五年（一五八七）の卒去直前に至るまでその地位にあったが（『日本西教史』第八章）、少なくとも領国主ではなかったのである。第二に内容に関することである。すなわちこの条々は「覚」である。しかもこれは右のような地位にあった宗麟から、重臣志賀道輝及び二男門司勘解由親家宛に発した私信であり、それもいわば思い付きを記したものに過ぎない。

しかし以上のような事情があるにせよ、ともかく領国支配体制の動揺という当時最大の難問に対処すべく、最終的に義統への伝達を期待している点から、この「覚」もやは

宗麟の資格

内容

り分国法に準ずるものとして敢て提示した次第である。

義統の条々

なおこの他大友氏には、天正二十年(一五九二)二月十一日に義統が嫡子義乗に対して発した二一条よりなる条々がある(大友文書)。分国法としてはかなり整備されたものであるが、宗麟没後のものであり、ここではその存在を指摘するに止めたい。

第四　城下町と領国経済

一　府内の繁栄とその限界

豊後国府の所在地

大友氏は鎌倉期における豊後移住以来、おおむね府内（大分市）を本拠としていた。府内はいうまでもなく律令制下の豊後国府の所在地である。当時の豊後国府の所在地は、大分市のうち、今日の古国府（ふるごう）（大字）と称される地であった。いまここの一角の五町（小字）に、国司の用いた印と鍵を御神体とする印鑰（いんやく）社（別名大黒社）が祀られていることなどからも、十分裏付けられる。

ところで大友氏は先述のように、初代能直（或いはその養父中原親能）以来鎮西奉行職及び豊後守護職を帯していたと思われ、そして三代頼泰以後府内に本拠を移したとみられる。この場合大友氏は、その守護所を何処に置いていたかが問題である。それについて頼泰が、『豊後国図田帳』の作成に豊後国府の在庁官人（国府の中下級職員）を利用していること

守護所を国府に併置

高国府

印　鑰　社（大分市古国府）

（『豊後国図田帳』）、さらに降って室町初期大友氏時・親世が、共に豊後国在国司職その他国府諸職を帯していること（大友文書）などからすれば、守護所もまた国府に併置（或いは同居）していたことはほぼ明らかである。とすれば豊後守護所もまた古国府にあったのであろうか。

この点について、大分市の上野台の一角がかつて高国府（たかごう）と称されていたことが注目される。これはすでに十一世紀中期にその名がみえ（『宇佐大鏡』）、しかもこの地は別に勝津留（かちがずる）ともいわれて、変転ののち、建長六年（一二五四）当時は宇佐宮領荘園であった（志賀文書）。「志賀文書」では笠和・荏隈・半太郷の最中にあると記し、勝津留との称からも分かるように、大体旧大分高商跡付近から、大分川流域にかけての地であると思われる。

渡辺澄夫氏はこの間の事情について、国府の本部は古国府にあり、この高国府には在庁官人の住宅や、国府の局課等の下部機関があったとされ（その後、下局の一部または全部が高国府に移動したとされた）、のちの大友屋敷はこの高国府内に設けられたが、大友氏がこの地に関係を有するに至ったのは、三代頼泰の建長六年以降であるとされた（同氏「豊後国府と守護所」『古事類苑月報』四二・「古代中世の大分」『大分県地方史』七三）。

国府の本部が古国府にあり、しかもその所在地の近くとみられる先の印鑰社からすれば、およそ一・三キロメートル強も離れた箇所にその下局等が置かれていたとされること。またはたしてのちの大友屋敷が高国府内に帰属するのか。さらに頼泰の下向移住以前の時期にあっても、守護代等の派遣常住はみられたはずであり、こうした当時の守護所についてはいかに解すべきか、等々問題はなお残る。

国府移転の可能性

高国府付近に惣社が存在したことなどを理由に、氏は強いて国府の下局の存在を同所に求められるが、本部と下局の分離というありかたは不自然である。むしろ国府は大分川の氾濫等の理由によって、初期の古国府から、のち上野台の高所に移転したものではあるまいか。古国府と称するのも、こうした事情に照応したものと思われる。

南北朝期に大友氏の庶家（分家）志賀頼房がその軍忠状（軍功を記した書状）で、頼房がこの府中（府内）の高国府に馳せ越し、ここに旗を高々と掲げたので味方の者がここに集まり、これ以後府中の警備がうまく出来たと述べている（志賀文書）。つまり府中を抑えるには、まず戦略上高国府を掌握することが前提であったことが分かる。しかしこうした高国府の中に、のちの大友氏の館があったと安易に結びつけてよいか問題である。

戦国期の府内における本拠

戦国期の大友氏の本拠については、現在大字上野の中に、「御屋敷」（小字）と称する一角がある（字図参照）。今日住宅地と化しているが、その周囲は崖をなし、一段と高くなっている。これこそ大友氏の本拠跡である。現地の住民の間でも広く大友氏の屋敷跡だとして信ぜられている。この「御屋敷」に隣接して北西に「矢取坂」、次いで「大門口」と称する小字が残存していることも、この推測の正しいことを裏付け、補強するものということができる。『大友家文書録』の記す府内の「上原館（うえのはるやかた）」とは、恐らくこれを指すものであろう。

上原館

室町期の享徳四年（一四五五）当時の大友親繁の館について、『臥雲日件録（がうんにっけんろく）』によると、「大

上　住宅地と化した大友氏の館跡
下　大友氏の館跡の周囲の崖

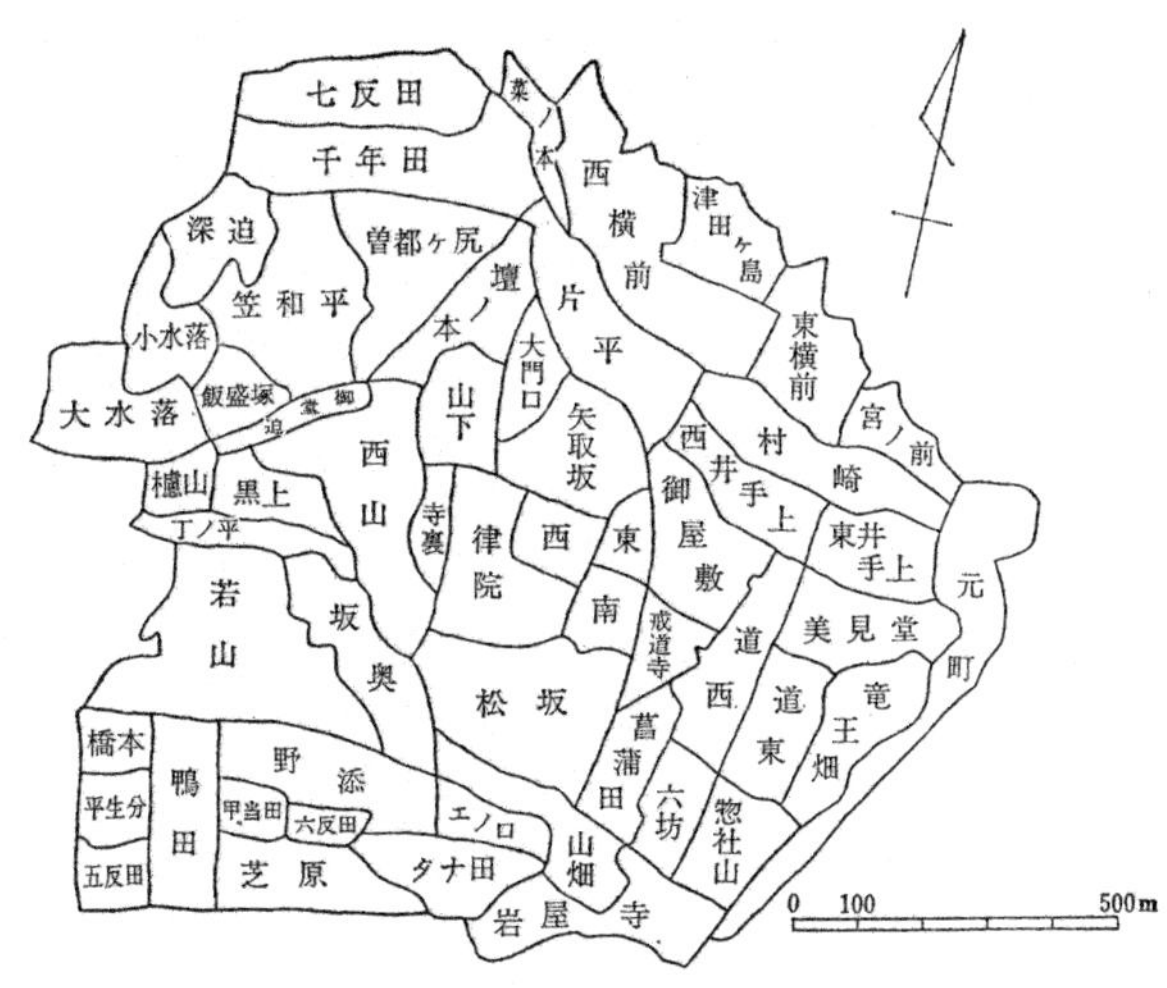

大友氏の館跡付近の字図

友宅、葺くに茅茨（かやといばら）を以てし、敷くに竹を以てす」（原漢文）とあり、誠に素朴な構造物であったことが窺われる。しかし戦国期では、「二階崩の変」にみるように、館は二階建て以上のものであったことが分かる。さらに当時の『年中作法日記』によると、大友氏の館には、公文所・記録所・奥の蔵・細工所・小納殿・贄殿（調理をする所）等々の施設があったことが分かる。また他に遠侍（守衛所）も知られる（『続大友史料』五、一三八二）。これらの構造物を含む本拠は、その所在地の地形からしても城というより、むしろ住居と行政庁とを兼ねた館とみるべきが

「西山城大友屋形阯」の碑

妥当であろう。「御屋敷」とは、正にそうした実情に即した名称であるということができる。

　とすれば、大友氏としては他に何らか軍事的城郭が必要ではなかったのかということが疑問となる。この点に関して『雉城雑誌』は、大友氏は「西山城」なるものに拠っていたと説いている。ところがこの「西山城」の所在等についても両説がある。その一つは先の大友氏の館の箇所にあったとするものである。そして他の一つはこれとは別で、現在の金剛法戒寺の西、墓地公園付近にあったとするものである（『大分市史』上、三八〇ページ）。なるほど金剛法戒寺の裏に「西山」と称する小字があり、しかも或る程度の小山をなし

観光名所と化した高崎山

ている。「西山城」なるものがあったとすれば、この小字の地を離れて、これ以外に求めることは適当でなく、従って右の両説から択一するとすれば後説を挙げねばなるまい。その意味で先の大友氏の館跡とみられる箇所の一角に、今日「西山城大友屋形阯」と記す石碑が立てられているが、頗る問題という他はない。それにしても筆者は、寡聞にして当時の史料に「西山城」なる城の記されたものを知らない。

一方『大友家文書録』は、「初め当家世々館を府内に構えこれに居す。高崎山に築城して、不慮（危急）の守となす」（原漢文）としている。天険の高崎山に、南北朝期以来城郭が構築されていたことは確実である。現に後述のように、の

大友氏時代に関する府内古図

ち島津氏軍が府内に侵入した際、義統が府内は安全でないと考え、一旦高崎山城に逃れたものの、これも不安であるとして、さらに豊前龍王城に逃れたことがある。しかし、かねてからこれを不慮の際の拠城としたとするには、あまりにも隔絶しており、信憑性に乏しい。これらの問題は文献的に限界があり、今後歴史考古学的発掘作業と併せて検討せねばならない。

しかしいずれにせよ、府内に大友氏が戦略上優れた城郭を有しなかったことは事実であって、このことが宗麟が臼杵丹生島城に築城して遷ったことと深い関係がある。

戦国期の府内を記した日名子太郎氏蔵の江戸時代の古図（『イエズス会士日本通信』下、所収）によると、府内は「大友御屋舗」を中心として、東側には堀口町・ヨコマチ(横町カ)・上市町、西側には御西町・西小路町・上町・中町・下町、南側に桜町・柳町・魚の棚・小物座町・ノコキリ町・寺小路町・今道町、そして北側に御北町・唐人町・稲荷町・古川町・今在家町等々の計四一ヵ町がみえる。しかしこれは江戸時代の府内の城下町のありかたから、大友氏時代を逆推して記したものとすべく、内容は俄に信じ難い。到底それほど多くの町から構成されていたとは思われない。

府内の人口

なおこれと関連して、戦国期の府内の人口については数種の記録がある。まず天正七年(一五七九)のフランシスコ＝カリアンの書簡によると、当時八〇〇〇戸の家屋を擁していたとする。しかしこれは天正九年の「日本年報」、及び同十一年のワリニアーノの『日本巡察記』が、共に当時八〇〇〇人であったとするのと著しく相違するものといわねばならない。なお元亀二年(一五七一)のガスパル＝ビレラの書簡によると、当時府内には信徒のみでも五〇〇〇人いたとしている。これが全人口の何割に当たるものであるか把み難いが、その後の江戸時代における府内の人口等からして、一万人以上に達するとみるのは無理であり、従って先の八〇〇〇人とするのがほぼ当たっていると思われる。

この中に中国人の他、相当に富裕な商人の住していたことについてはルイス＝フロイスも認めている（慶長四年時についての同人報告『大分県史料』⑭）。また『大友興廃記』も、中屋宗悦という「大福人」のいたことを記している。一方大友氏家臣について、天正十年（一五八二）の「日本年報」には、「この町（府内）は、豊後の中心的町であり、現在ここには若い王（義統）とその家臣総てが住んでいる」として、家臣の城下町府内集住が完全に達成していたとする。しかしこれは大友氏の権力のありかたに照らしてみても、到底卒直には受容し難い。

「大福人」中屋宗悦

二　剃髪入道と臼杵築城移居

永禄五年（一五六二）義鎮は入道して宗麟と号したが、これに先立って臼杵丹生島に築城し、移居した。この築城については、従来永禄五年（一五六二）、六年（一五六三）、七年（一五六四）、九年（一五六六）の各説がある。このうち最も時代を下げるのは『両豊記』で、これによると、

入道及び丹生島城築城移居の年代に関する諸説

> 義鎮一ト年臼杵丹生島に逍遙し給ひてより、此地の風景に心を寄せられ、永禄七年に縄張して城郭の経営ありけるが、今年永禄九年の春城郭結構成就せり。（中略）義

鎮此所に移られけり。府内の城をば嫡子義統に譲り、二十二代の家督せられけれ共、若年なれば迚、国家の政務は義鎮の差図なりしとかや。頓て義鎮剃髪して休庵宗麟と号せらる。

とある。永禄七年（一五六二）着手、同九年（一五六四）完成とする。同時に家督を義統に譲り、その後入道宗麟と号したとする。だがこれは『大友記』『大友興廃記』等を参照しつつ、降った明和六年（一七六九）著述されたもので、家督譲与の時期など明らかな誤りを含み信頼性は低い。

しかしここで築城の時期と共に、入道の時期、及びさらに家督譲与の時期もまた、これに関連して問題であることが分かる。家督譲与の時期については、いましばらくおくとして、『大友家文書録』には永禄五年（一五六二）の項に、「是の年、義鎮剃髪して瑞峰宗麟と称す」（原漢文）とし、さらに翌六年の項に、

是の年宗麟海部郡臼杵丹生島に攸を相し、新に築城し上原館より移徙す。（中略）義鎮の治国するに至り、館を上原に遷す。而して今此に及び、嫡男長寿丸（義統）をして上原館に居せしむ。（同前）

『史料綜覧』は永禄五年五月一日説

とあり、一説として甲子年（永禄七）の説も掲げながら、結局永禄六年（一五六三）築城し府内より遷るとする。この他常楽寺蔵「大友氏系図」も同様、永禄五年（一五六二）五月一日剃髪宗麟と号し、翌六年正月臼杵丹生島築城、六月完成移居とする。さらに『鎮西要略』は永禄六年十二月丹生島移居、これより先宗麟と号したとする。『豊後国志』『大友興廃記』も永禄六年築城説に変わりはない。これに対し『史料綜覧』は永禄五年五月一日築城し移居、同日入道宗麟と号したとする。田北学（同氏『増訂編年大友史料』別巻上、六一ページ）・渡辺澄夫（同氏『大分県の歴史』一一六ページ）の両氏は共にこれを支持され、また村上直次郎氏もまたこの永禄五年説をとられた（同『耶蘇会士日本通信豊後篇』下、二〇ページ）。また最近芥川龍男氏は永禄五年入道、翌六年丹生島築城移居とされた（同氏『豊後大友氏』一八五ページ）。

以上のように築城時期は諸説相分かれるが、さらに築城移居と入道との関係について、これを同時とするもの、入道が築城より先であるとするもの、及び後であるとするものと、これまた説が分かれるのである。

まずいえることとは、今日築城移居を明示する当時の直接史料は全く存在せず、ただ永

臼杵城跡（大分県臼杵市）

禄五年入道したことを示す有力根拠を見出すことが出来る程度に過ぎない。そこで築城移居に関連して、まず入道の時期についてみると、今日最も有力視される永禄五年五月一日以降、なお依然義鎮を名乗り入道していなかったことが分かる。すなわち永禄五年六月十三日、筑前守護であった義鎮は、同国横岳山崇福寺及び末寺領を守護不入たることとし、併せて焼失した堂塔の復興、及び住持のことにつき馳走することを約している（横岳古文書）。

そして彼が宗麟号を用いたことの確認されるのは、永禄六年五月十六日（速見郡）山香郷東西一揆中宛宗麟感状（豊田家文書）が最初である。従って彼は永禄五年六月十三日以降、翌六年五月十六日以前の時期に入道宗麟と号したことが分かる。さらに「五条文書」の戸次道雪書状に、

御屋形様御法躰の儀について御剃髪なされ候。上儀御崇敬を以て此の如きの儀御感の次第斜ならず候。御還俗専一に思召され候と雖も、御老躰の条永々御落髪ありたしとの通り聞し召し及ばれ、御打掛差遣わされ候。御面目の至り申すに及ばず候。最も御書を以て仰せ遣わさるべく候処、当時御済しの儀に候間、先ず以て私より相心得申すべき旨に候。御存知の為に候。恐々謹言。

七月七日　　　　　　　　　　道雪（花押）

（鑑量）
五条殿御宿所

（原漢文）

とある。宗麟の重臣戸次道雪が五条鑑量（あきかず）に宛てて、彼が「御屋形様」（義鎮）の入道に従って入道（宗仙）したことに対し、宗麟に対する崇敬の念の然らしめたものとして宗麟が感動し、打掛を鑑量に与えることとした等のことを伝えたものである。（永禄五年）七月七日付の発信となっているところからして、結局義鎮の入道はこの直前、従って同年六月末から七月初のことであったと推定される。

入道は永禄五年六月末ないし七月初

入道の動機は罹病

またその入道の動機については、先述のように元来宗麟は病弱であるとする天正十一年(一五八三)のイエズス会の年報が想起される。しかもこの間、本来発給文書の多い彼にしては珍しくそれがこの数ヵ月全くみられない。これらのことからすると、この時期彼は重病に陥り、そのことが入道を決意させるに至ったものではないかと憶測される。『大友記』が「御煩の様なれども種々の御養生にて御本復あり」とするのは、この推測を補強するものとして十分信頼してよいと思う。そしてこの入道には、右の五条鑑量の他、吉岡長増(宗歓)・戸次鑑連(道雪)等の重臣数名の者がこれに従って同じく入道したらしい(外山「大友義鎮の入道と府内・臼杵」『九州大学九州文化史研究所紀要』二〇)。

一方臼杵丹生島築城の時期についてはいかがであろうか。これについては永禄以前、すでに弘治三年(一五五七)のガスパル＝ビレラの書簡によると、前年五月の佐伯惟教・小原鑑元一派の叛乱に触れて、

我等到着(弘治二年)の数日前、国王(義鎮)は謀叛の大身数人を殺さしめ、己は安全に之が対策をなすため城の如き島(丹生島)に逃れたり。

と記し、また、

弘治二年には丹生島城を利用

四旬節（弘治三年二月）となりて、我等は殺され、又住院は焼かるべしとの噂頻なりき。
国王（義鎮）は五レグワを隔てたる一城（丹生島城）にあり。

と記している。またメストレ＝ベルショール＝ヌネスの弘治三年の書簡にも、

此大身の殺されたる（弘治二年）為め、豊後の王（義鎮）は豊後（府内）より七レグワの山に逃れ、今も猶同所にあり。

と記す。府内よりビレラは五レグワといい、ヌネスは七レグワというが、恐らく共に臼杵丹生島を指すと思われる。しかも弘治二年時に「山」、または「城の如き島」といい、翌三年に「城」といっている。従ってすでに弘治二年には臼杵丹生島に城郭らしきものが営まれ、しかも危急の際の拠所として義鎮の利用するところであったことが分かる。

その後わが国側の史料によると、某覚書（永弘文書）に、

一、（弘治三年五月）同廿一日癸酉、大友殿御座ス入（衍カ）ウスキ焼失候、女中方斗（ばかり）残也、上様（宗麟）無相違候。

とあり、弘治三年（一五五七）五月二十一日にこの丹生島城は出火焼失していることが分かる。さらに「佐田文書」の弘治三年五月二十五日付、大友氏加判衆連署奉書にも「殿中火

事」とみえ、しかも焼失五日後には、早くも奉行人を任じて復興に着手していることが分かる。丹生島が単なる「山」ではなく、或る程度のまとまった構造物より成っていたことを示すものである。

それでは永禄年間の築城を記す江戸時代の諸書は、復興のことを述べたものであろうか。だが当時家臣の謀叛、毛利氏との対戦という文字通り内憂外患ただならぬ情勢下にあっては、危急の際の拠所としての丹生島城の意義は極めて大であったはずである。諸書のうち、築城を最も早く認めるものは永禄五年（一五六二）、遅く認めるものは同九年（一五六六）である。とすれば復興まで先の焼失した弘治三年（一五五七）から、都合五年ないし九年の日子を認めることとなる。焼失直後の復興にしては、右の諸情勢を併せ考えれば、これを再建達成とするのはやや遅きに過ぎる。

復興達成後宗麟は丹生島城に常住している。従って彼の丹生島常住開始の時期の上限を求めれば、それ以前の時点に復興達成したものであるということができる。この意味で彼の丹生島城常住の事実を史料の中から検索してみよう。永禄四年（一五六一）八月二十九日付コスモ＝デ＝トルレスの書簡に、

丹生島築城移居は永禄四年八月以前

入道と丹生島築城移居は無関係

我等の国王（義鎮）ここに居り、北緯三十三度半、この島の北方の少しく東に寄りたる所に在り。

とある。永禄五年臼杵移居説をとられる村上直次郎氏は、ここにいう場所は府内であるとされた。しかしそれは正確に北緯三十三度半ではないにしても、「島」とある以上、この地は丹生島を指すものでなければならない。つまり義鎮は永禄四年八月当時、すでに丹生島を常住の場としていたのであり、従って同城の再建達成もまたこれ以前の時期であったとみるべきである。以上のことから義鎮の入道と臼杵丹生島移居とは別個のものであって、何ら関係はない。この両者を併せて説く江戸時代の諸書、その他の説は否定さるべきである。

復興後の丹生島城について、巡察使ワリニアーノは、その著『日本巡察記』において、「豊後国中で最も堅固」である、と述べ、またイエズス会の「天正十年年報」は、

臼杵の城は三方は海に囲まれ、天然と人工によって甚だ堅固なる位置にあり、攻め難き所である。

と記している。また天正十七・八年に関する日本及び中国についてのイエズス会総長宛

某書簡には、「城は町からかなり離れ、そして隔絶していて、周辺は海で囲まれ、天然の岩石の上に極めて高くそびえており、町からこの城砦へ入るにはたった一つの狭い小道しかなかった」とも述べている。防衛上の欠陥のあったらしい府内の本拠とは異なり、優れた構造のものであったことを示している。このことは後年島津氏の侵入軍を容易に寄せ付けなかったことからも十分裏付けられる。しかもその城中の一角に、「日本の聖堂中最も多くの経費を要した立派な」(「天正九年年報」)ノビシァド(修練院)を含め、全体として「非常に豪華で贅沢を極めた」(天正十七・八年に関する日本及び中国についてのイエズス会総長宛某書簡)建造物がみられたという。

なお同じく「天正九年年報」には、

臼杵の城(豊後全国で最も堅固にして主要な城の一つで、もとここに政庁があったが、今はフランシスコ王がここに居り、その子なる王は政庁と共に府内に移り、爾来三年である)にノビシァド(修練院)のあることは昨年通信した。(傍点筆者)

とある。これからすれば臼杵築城に伴い義統を府内に留めて、義鎮のみがこれに移居したとする『大友家文書録』その他の説は誤りであり、義鎮の臼杵移居は一旦嫡子義統を

義鎮、丹生島城に義統を伴う

伴ったものであることが分かる。そしてこれを軍事的拠所たると同時に、行政庁としており、本拠を府内から移したものであったことが分かる。しかしその後義統の家督相続（天正四年初、後述）に伴い、天正九年（一五八一）を去ること三ヵ年以前の天正六年（一五七八）に義統は府内に還住し、新たにこれを行政庁としたらしい。

天正六年義統、府内に還住し、これを行政庁とす

一方宗麟は家督譲与後の天正十年（一五八二）、「老後の休息所として」さらに津久見の地を選び、以後ここに隠棲することとなる（「天正十一年年報」）。そしてまた義統もこれに伴い再び臼杵に移居し、ここに行政庁を定めている。「天正十二年年報」に、

宗麟、津久見に隠棲
義統、再び臼杵に移居し、行政庁とす

臼杵は世子（義統）がその宮廷と共に居る所である。

と記し、また天正十四年（一五八六）、ルイス＝フロイスが義統及びその実母に謁したのも臼杵であった（ルイス＝フロイス書簡）。遅くとも天正十二年には臼杵に移っていることを示している。

義統、なお府内を捨てず

だがこの時期、新領国主義統は、なお一方において府内を完全に捨て去ってはいなかった。「天正十三年年報」に、

今回王（宗麟）ならびに世子（義統）が府内に会した際、執政及び国守（くにしゅ）（国衆とすべきか）、

家臣、臼杵に移居せず

すなわち国内の最も優秀にして重立った人達が集まり、（中略）世子が国の重立った大身一同と重要なることを協議するため府内に滞在していたので、（下略）

とあり、義統は臼杵を本拠としつつも府内に滞在することがあり、ここで重要事項を父宗麟及び「執政」（年寄か）・「国守」（国衆か）等の重臣等と協議したという。このことはもと弘治年間にみられた焼失前の丹生島城の築城の動機が、主として領内家臣の謀叛から身を守るべくなされたものであったらしい事情や、或いは丹生島城が、先のイエズス会の総長宛書簡からも分かるように、臼杵の町から隔絶したところに位置し、決して城を中心として城下町が展開したものではなかった様子からも分かるように、重臣以下の多くの家臣は、府内その他の各知行所に残されたまま、独り大友氏のみ臼杵に移居したことを推測させる。そしてさらにこのことは、司法・行政・軍事等々を内容とする領国統治の実質上の中心は、依然府内にあったことを示している。天正十五年（一五八七）島津氏の侵入攻撃にさらされた際の丹生島城は、津久見からかけつけた宗麟がこの城内に居たに拘わらず、多数の家臣によって守られてはいなかった。当時守備の兵は居らず、却って城に満ちたものは避難して来たキリシタンの婦女子等であり、この間宗麟は戦闘の指揮

丹生島城は天然の要害

をとることもなく、夫人や娘等と共に彼らの救済に全力を尽すのみであり、それであってしかもなお落城を免かれた（「天正十五年年報」）、というのはこの間の事情をよく示している。丹生島城は多くの家臣によって守られていたが故に「堅固」であったのではなく、先のイエズス会の「天正十三年年報」がいみじくも指摘するように、天然の要害に、幾らかの人工を施したことによって「堅固」であったのである。

臼杵は隠居所たるの観あり

臼杵移居に家臣を伴わなかったという意味では、一見隠居所たるの観があったことは否めない。『豊筑乱記』が、「臼杵丹生島城を御隠居に拵へ移らせ給ひける」とするのは、こうした事情から来た誤解である。誤解はさらに進展して、ついに剃髪入道→隠居（家督譲与）→丹生島城移居、というこの三者を結び付け一体とする誤った理解に達したものと思われる。宗麟にとっては少なくとも主観的には府内から臼杵へ移居したことと、これから津久見へ移居したこととは全くその性格を異にし、前者が防衛上からした積極的移居であるのに対し、後者は消極的隠居の目的を有するものであった。

遷移は一面府内に要害なきによる

それはともかく大多数の家臣を府内その他の知行所に残し、独り大友氏のみ本拠（統治の中心）を府内→臼杵→府内→臼杵と遷移を重ねたのは、根本的には府内が憑むに足る

遷移は領国統治にマイナス

遷移は恣意的であり、宗麟父子の不見識を示す

拠城を構築する地形的条件を欠いたために講じた已むを得ない措置であったともいえる。これは初期（鎌倉期）の大友氏が守護所を令制下の国府に併置（或いは同居）し、これに執着したいきさつがあり、この体制が戦国期に持ち越された。しかしこの時期、新たに防衛上の拠所が要求される事情が生じたに拘わらず、これに対応して構築すべき適地が府内になく、苦慮した末、已むなく臼杵の地にこれを求めねばならなくなった結果、こうした遷移を重ねざるを得ぬ不始末に陥ったものといえる。こうした事情が、領国統治にいかにマイナスとして作用したか計り知れないものがあろう。それればかりかさらにのち義統は、秀吉の至上命令を受けて朝鮮へ出陣するに際し、嫡子義乗を家島（鶴崎）に留守居させ（後述）、引き続いて天正二十年（一五九二）二月には、この鶴崎を新たな城下町として、これに家臣を集住させることを推進しようとしている（大友文書）。これらをみるとき、その遷移は誠に恣意的であり、強ち府内に適地がなかったからとばかりはいえず、極めて自由奔放といわざるを得ない。この宗麟の態度は、次々と生涯を通じて一〇種に上る花押や、その他朱印等を用いた事情（後述）とも一脈通ずるものである。それはともかく、この異常ともいうべき遷移は、領国統治者としての宗麟父子の見識のほどが、厳しく問わ

れねばならぬところであろう。

なおこの臼杵築城移居、及び入道の問題とも関連して、宗麟の家督譲与の時期についても一言しておかねばならない。これについても諸説あり互いに相異する。まず(ア)『両豊記』『大友家文書録』は共に天正七年(一五七九)正月十一日説を出し、特に前者は日向大敗の衝撃によるとしている。田北学氏もこの説をとられた(『増訂編年大友史料』二三、一四二ページ)。次に(イ)同じ『両豊記』はさらに別に永禄九年(一五六六)春説を出し、同様『大友家文書録』も別に(ウ)天正六年(一五七八)冬との説を出している。同一書で各両説を出すのは、恐らくこれらの書が複数人の加筆によって成立した事情によるのであろう。次に(エ)『史料綜覧』は天正元年(一五七三)十二月二十八日説を出し、渡辺澄夫氏もこれに従われた(同氏『大分県の歴史』一二九ページ)。以上四説がある。

このうち最も早期におく(イ)の永禄九年説は、義統は当時僅か九歳であるに過ぎず、しかも毛利氏との抗争に寧日なかった時であって、殆んど考えられない。(エ)説は「横岳文書」の年未詳十二月二十八日付宗麟書状(横岳弥十郎宛)を根拠にしたものであるとみられる。しかしこれは、この日宗麟が横岳氏に宛てて、義統へこれ以前家督譲与したことに対し、同氏から祝儀の品を贈られたことをこの日謝したものであるに過ぎず、何ら取るに足らない。(ア)(ウ)両説が残るが、そこで天正四年(一五七六)八月十七日付フランシスコ＝カブラルの書簡をみてみよう。

今国を治めつつある世子(義統)は、異教徒なる武士多数を集め、キリシタンの武士一人を招きてデウスの教に付、質疑討論をなさしめしが、皆最善の努力をなし、世子自ら審判者となりたり。

とあり、当時すでに嗣立していることを示している。また天正六年九月十六日付ルイス＝フロイスの書簡に、

彼(義統)は当国の継承者にして二年来之を治めつつあり。

とする。これは先のカブラルの記事とも、年代的に天正四年とする点において符合する。次に「五条文書」に、

義統の祝儀につき、太刀一腰、漆百筒送り給わり候。祝著に候。猶田原近江守申すべく候。恐々謹言。

二月十八日　　　　宗麟(朱印)

（原漢文）

とある。これは恐らくは義統の家督継嗣の祝儀に関わるものであろうと思われる。従って宗麟の家督譲与の時期は、従来の四説とは全く異なり、天正四年正月からこの二月十八日以前の時期であったと思われる。

家督譲与は天正四年初頭

それ故大友氏滅亡の転機となった天正六年十一月の日向耳川合戦大敗の責任は、義統にあって宗麟になく、これを宗麟評価の素材とするのは当たらない。またその故にこそ天正七年、義統や重臣等は宗麟に領国衰勢挽回のため統治に再出馬することを懇請し、これを無理に承諾させたのであった（天正七年十一月二十二日付、フランシスコ＝カリアン書簡）。

譲与の時期の不明確なりし原因

家督譲与の時期がこれまで明確でなかったのは、第一には室町幕府がすでに滅亡し、家督譲与に伴う守護職の相続安堵を行うなどの公的措置がとられることもなかったこと。また第二に義統の統治能力の欠如を十分に知悉していた宗麟が、自らが統治者の位置を離れたことを周囲に広く知られることを極力恐れたこと。これと共に第三に義統に治世末年頃から一種の業務見習いとして統治権を委ね、或いは逆に譲与後もなお宗麟が義統の治世の指南を行なったことが、その発給文書に父子連署するなど、史料的解明を阻害したこと、などが挙げられよう。そしてこのように事実が掩い隠された結果、江戸時代多くの俗説を生むに至ったものと思われる。

家督譲与についての諸準備

なお右の二―三の事情と関連して、宗麟は義統への家督譲与に先立って、後述のように二男親家を出家させたうえ、これを臼杵の寿林寺に入寺せしめようと試み、これが親家の反対に遭うと今度はキリシタンとなさしめ、兄への謀叛を未然に防ごうとする配慮を行なっている。「二階崩の変」で辛酸を味わった宗麟としては、むしろ当然の措置であったといえよう。

臼杵の町

臼杵の町の当時の人口については、府内ほど明らかではない。しかし「天正十六年参宮帳」（後藤家旧蔵文書）に、天正十六年から同十九年（一五九一）にかけて、伊勢参宮に赴いた人物とその出身地を記したものがあり、臼杵に関して次のような町名と人物を挙げている。

（臼杵庄）しばお　臼杵右京進　（平）ひら川孫三郎
（横浜）よこはま　宗理右衛門　臼杵右京丞　塩月主計頭　佐藤善五郎　清松勘助（以下略）
（海添）かいそい町　川村三郎　石井弥七郎　矢野新二郎　岩崎又二郎　孫左衛門（以下略）

唐人町　吉衛門尉　善左衛門尉　新左衛門尉　又右衛門尉　林唐山　計屋与三
　　　　左衛門　くそく屋（具足）善左衛門　二奇（じこう）（以下略）
よこ（横）町　竹内雅楽助　かけや（掛屋）林清左衛門　かけや（掛屋）金山左京助（以下略）
市　　彦左衛門尉　甚五郎　高崎甚助（以下略）
はま（浜）の町　彦四郎　源三郎
か〻み村（臼杵庄）　染屋弥四郎
きおんのす（祇園州）　幸野理右衛門
ほそ村（臼杵庄）　姫野大覚
未詳　一尺屋丸尾左馬助　一尺屋井深与一　寺島大学助（以下略）

以上のようである。これによると、当時臼杵は、しばお・ほそ村・か〻み村等々よりなる臼杵庄の地域と、横浜・海添町・唐人町・横町・市・浜町・祇園州等々よりなる町の区域とに分かれていたらしい。まずこのうち唐人町はいうまでもなく在留中国人に因（ちな）んだ町名であろう。「参宮帳」の性格からして、これには中国人の記される可能性は薄

城下に武士の居留区域特になし

い。それでも林唐山・二奇(じこう)等々の或いは中国人かとも思われる人物が見られる。なお町は以上で総てであるとは思われないが、それにしても城下町を思わせる武士固有の居住区域(武家屋敷)を窺わせるものが全く認められない。これは先述のように大友氏が府内以外に、ことさら家臣を同地に集住せしめる努力を払わず、また家臣もさして移住しなかったことによるものであろう。住民をみると、武士・僧侶も認められるが、この他、姓を有さぬ地位のさして高からぬ層の者も相当多い。また掛屋・計屋・一尺屋・染屋・具足屋等々の者が記されており、幾らかの金融業者・商人・職人等が存在したことが分かる。

臼杵の町については以上に止める。この項では先述のように、宗麟の丹生島築城移居と入道、及び家督譲与の時期を中心にみたわけである。

三　直轄領とその支配

封建領主にとって、直轄地がその権力の直接的経済基盤をなすものであることはいうまでもない。従って領国制進展の過程で、直轄地の増大は、軍事的・経済的基礎の強化

旧地頭領が中核

の観点からして必須の条件であったとみられる。

大友氏の場合、同家が肥前の龍造寺氏や、中国の毛利氏等のように、下剋上の波に乗って台頭発展して来たものと異なり、鎌倉時代以来の伝統的な守護家であったことがまず注目されねばならない。従ってその守護職に付随して与えられた莫大な地頭職を中核として、領国内に進展させた所領が、この場合直轄地の最も主要、かつ中心的位置を占めるものであったと推測される。こうした事情からすれば、大友氏の直轄地は、他の戦国大名より比較的恵まれていたといえる。なお藤木久志氏は、直轄地は各支城ごとにこれに付随する城領を主要なものとみるべきことを述べられる(同氏「上杉氏知行制の構造的特質」『史学雑誌』六九―一二)。しかし大友氏の場合、城領の前提をなす城郭(家臣)の掌握が十分でなく、従って城領の展開は十分なされていたとはいえず、この点藤木氏といささか理解を異にする(外山「大名領国の経済に関する二・三の問題」『長崎大学教育学部社会科学論叢』一三)。

そこでやや時代は溯るが、室町期の貞治三年(一三六四)二月と、永徳三年(一三八三)七月の各時期に、それぞれ大友氏時及び親世が、幕府にその知行する所領・所職を報告した「注進状」が残っている(大友文書)。これは、その後の大友氏の直轄地の前提をなすものとして注目されるわけである。従ってここにみえる所領や、その後戦国期に散見される数ヵ所の直轄地等によってまとめると、戦国大名大友氏の直轄地は、およそ次のようなものであったことが分かる。

豊後　府内
大分郡　狭間村、笠和村、阿南庄、高田庄、稙田(わさだ)庄、荏隈(えのくま)郷、戸次庄内
国東郡　安岐郷、国東郷半分、来縄郷、来浦村、田染(たしぶ)庄、田原別府、六郷夷山小墻原名
速見郡　山香郷、日出庄辻間村
大野郡　大野庄、緒方庄、野津院、宇目村、井田郷ヵ
直入郡　直入郷
海部郡　臼杵、丹生庄、佐賀郷関、津久見
豊前　久保庄　松井五町分、奥畑
筑前　博多東北部半分、志摩郡
筑後　生葉郡　山北八十町

肥後　豊田、玉名郡関四十五町その他

（外山、同前論文）

豊後に最も多し

さてこれによると、直轄地の分布は当然のことながら、支配の本国である豊後に最も多い。しかも豊後一国中でも府内の他、膝下である大分郡に最も多く、次いで国東・大野・速見郡の順となる。海部郡に比較的多いのは、これも宗麟が臼杵及び津久見に移居したことと関係があろう。

主要都市・河川

次に主要都市や村、河川が含まれていることが注目される。府内・臼杵の他、津久見が含まれているのは、先述のように宗麟の居所であったことによる。博多についてはいうまでもない。大分郡高田は、鍛冶職の存在による刀劔・鑓等の武器、同郡荏隈郷は陶器、そして直入郡直入郷は屋ぐら紙の各生産地であった。

係争地・断絶家・懲罰の者等の地を収公

この他直轄地の成立については、争論や家の断絶、その他懲罰に伴う改易による場合があった（永弘文書、その他）。この改易は大友氏が給した恩給地だけでなく、その世襲地である私領にまで及ぶこともあった。某種貞なる人物は、その相伝の私領である豊後国無動寺領・六郷夷山小墻原名田畠山野荒野等を一旦大友氏の直轄地として没収されていた。

しかしその後永正四年(一五〇七)、大友義長に何らかの忠節を立てたため、真光寺某の周旋で辛うじてこれを返却されたという(余瀬文書)。何らかの懲罰による没収があったものであろう。家臣の所領を没収し直轄地とする際、これを妨害する者も少なくなく、このためその執行に当たって、特に近郊の領主の協力が求められた。

直轄地の存在形態

直轄地は広義で公領と称した。公領はさらに蔵入と給分の両者に分かれる。蔵入とは大友氏の純粋の所得となるものであり、これは倉納・直納・直務・料所等と称した。一方給分は、大友氏直轄家臣に給せられた地を指すのである。この両者は、地域的に完全に別個に設定されることもあるが、混在する場合もある。たとえば速見郡日出庄辻間村は料所であり、完全な一円蔵入であるが(城内家文書)、一方直入郡直入郷の場合、次のようにみえる。

一所、泉名新方之内ひたきの屋敷
　以上拾貫文此内五貫給分
残五貫文ハ料所としてあつる
　木原左衛門四郎入道
(志賀文書)

とある。この場合、直轄家臣である木原左衛門四郎入道は、表面的には一応泉名に一〇貫文の地を給せられた形となってはいるが、実はその給分（所得）の半分を大友氏の御料所とされており、従って残る半分の五貫文が給分であったのである。

蔵入は僅少

大友氏はこうした直轄地の増大を計ったことは勿論であるが、そのうち大友氏のいわば個人所得である蔵入は出来るだけ少なく抑え、直轄家臣を可能な限り創出して、その給分に直轄地の大半を充てる方針をとった。それだけ一般家臣との主従関係が不安定であり、直轄家臣に依存せねばならなかったのである。従ってその結果、領国の版図が増大し、直轄地が増大しても、意外に大友氏自身の懐は寒いものであった。この点について、アレキサンドロ＝ワリニアーノも注目して、

> 屋形はその国を国守の領地として分配し、国守はまた自分の土地を他の殿、すなわち小領主に分配する。彼等は更にその領地を自らの支配下にある親族、兵士、使用人、農夫に分配し、（中略）このことから諸領主は、大侯であってもはなはだ貧困であるという結果が生じる。

としているのは、この間の事情を看破したものというべきである。戦国大名化への道を開いた宗麟の曾祖父親治は、文亀年間「世帯不弁」であるとして財政逼迫をぼやき、

「飢にのぞ」むとさえ嘆いているが（志賀文書）、これはそのような事情を考慮しなければ、到底理解は困難であろう。

四　収取体制

大名領国の収取がその直轄領はともかく、一般に土地からの年貢その他による、安定した体制の確立をみていなかったことはこれまで指摘されて来た。こうした中にあって、大友氏の財政を支える最も基本的な収取方式は、「一国平均」の段銭・間別銭（まべちせん）、及びその他公事（くじ）等であった。

段銭・間別銭

まず段銭は、最初朝廷・幕府に対する守護出銭として、こうした至上権力に基づいて徴していたものが、漸次大友氏独自のいわゆる守護段銭として徴するに至ったものといえよう。この場合その収取方式についてみると、たとえば康正二年（一四五六）七月、幕府が内裏造営のための段銭を徴したのを受けて、豊後守護大友親繁が領国内の永富・大津留両人からこれを徴した。この際注目されるのは、「図田帳の旨に任せて、すなわち勘定を遂げらるべし」（原漢文、柞原八幡宮文書）としている点である。図田帳とは大田文ともい

図田帳、賦課の算定資料とされる

われるもので、要するに鎌倉幕府が国別に作成した全国の土地調査記録である。つまり段銭の賦課台帳として、こうした記録を参考としたという訳である。これが一般的なありかたであったことは、この他永禄八年（一五六五）十月の豊前国検使の任務についても「往古の旨に任せて」（原漢文、佐田文書）催促するよう、などとあるのによっても推測される。

いかに停滞的な九州とはいえ、こうした鎌倉時代の土地調査記録が、室町・戦国期の現実と隔りがあることは明らかである。それにも拘わらず、敢てこうした記録に依拠しようという事は、領国内の検地の実施が不可能であったことを意味する。その実施に対しては、たとえば天正二年（一五七四）八月吉日の大友氏家臣元重鎮頼の子孫に対する置文に、うえから検見など仰せられることがあっても、これに協同してはならぬ、とあるように（元重家文書）、家臣等の一斉反撥を招いたのである。従ってこうした体制下にあっては、検地を前提とする土地からの年貢徴収が不可能であったことはいうまでもない。ただわずかに田地一段を基準としながら、人を客体として徴する段銭収取に留まらねばならなかった理由がそこにある。

しかしそれはともかく、大友氏独自の段銭収取は領国全般に及び、かつその目的も多様であった。たとえば後述のように、宗麟は将軍足利氏の周旋によって、能の観世大夫を豊後に請住せしめたが、この滞在費を弁ずべく筑後にも段銭を課したのであった。

間別銭徴収は柞原宮造営が目的

これに対して、間別銭はいささか事情を異にする。間別銭の徴収は、大友氏が南北朝期以降氏神として信仰し続けていた大分郡（大分市上八幡）の柞原八幡の造営を目的とするものであった。大友氏の「万雑条々」にもこれを明言している。そしてこの造営以外の目的を以てこれを徴したことはなく、かつまたその賦課も豊後一国に限られ、これ以外の国から徴したこともない。ところで柞原宮は、その本宮である宇佐八幡宮と同様、三三年毎に式年造営を行う建前である。但し、当時この規定通りには実行されていなかった（柞原八幡宮文書）。間別銭徴収が、こうした唯一にして臨時の柞原宮造営を名目―目的とするということは、この臨時の課税を毎年の恒常税として拡充し難いものとしていたといえる。その点段銭は、幾分恒常税への傾斜はみられたが、かといってそれが十分な徹底はみていなかった。

段銭奉行

なお段銭徴収には前述のように段銭奉行や検使が任ぜられていた。段銭は大体段別五〇文、間別銭は間別五文が一般的な収取率であった（外山、同前論文）。

一方公事についてみよう。これは散発的に家臣に宛てて徴している。たとえば大友義鑑は、深田・古庄両氏を奉行として、三重郷以下の地から漆の実を徴している（深田文書）。同じく義鑑は、土蔵建築に要する材木を、その豊富な玖珠郡から求めるため、これを帆足氏以下の玖珠郡衆から徴している（大友文書）。

同じく義鑑は国東郡の岐部氏から、府内に大智寺を建立するための木材や、この他薪・地鉄等を徴している（岐部文書）。さらに彼は速見郡大神村の真那井衆中に、舟誘（こしらえ）及び漁網の製造を求めている（渡辺文書、その他）。また彼は筑後の草野太郎に対し、筑後川産の鯉を、入用の際馳走すべきようかねて命じていた（草野文書）。

公事として収納すべき地域及び品目は、漸次固定化して行った。大友氏の『年中作法日記』によると、正月元旦に供用するかち栗は、大分郡津守村・犬飼山の産であった。また陶物は同郡荏隈郷からのものであり、また屋ぐら紙が直入郷の産であり、この両郷は特に直轄領であることは前に述べた。

しかしたとえば、

船造作用所（必要）のため、方々材木の事所望に候。仍て別紙注文を以て申し候。これは公事にあるべからず候。芳志として奔走候はば悦喜候。殊に早々大望に候。憑み入り候。恐々謹言。

（明応五年）
二月十六日、　　　　義右（花押）

田北六郎殿（親幸）

（原漢文、田北文書）

とある。これは大友義右が家臣田北六郎親幸に木材を徴したものであるが、この場合注目されるのは、公事として徴するものではなく、あくまで芳志として提供を期待するというものであることである。こうした形式をとった理由は、或いは公事ということを明示すれば、軍役免除の措置を講ぜねばならぬ等のことを考慮したとも思われる。だが大友氏が公事とは別に、こうした献上品に期待した例は少なくない。たとえば宗麟は、永禄八年頃から博多の豪商島井宗室と交遊するが、彼はその著しい収集癖も手伝って、宗室から端物・絵画・印籠・茶碗等を進呈させたことは後述の通りである。また肥後の相良氏は、大友義鑑及びその夫人・重臣等に対し、莫大な進物を呈している（相良家文書）。また筑後田尻氏もその子息への相続安堵・偏諱授与に際し、府内に赴いて義鑑・宗麟、その他重臣に莫大な進物を呈している（田尻家文書）。大友義長の条々にも、

公事でなく芳志

進物は油断なく求むべし

一、進物の類、油断なく求めらるべき事。（原漢文）

とあるのは前述の通りであるが、これら進物に期待するのは、いわば大友氏の祖法であったのである。この際公事か進物かの区分は容易でない面もあるが、公事はいわば進物を制度化したものに過ぎないともいえる。

第五　キリスト教をめぐる動き

一　ザビエルを招く

イエズス会宣教師等の記録

キリスト教をめぐる宗麟以下の動きについては、わが国側の史料もさることながら、むしろわが国に来朝したイエズス会の宣教師・修道士その他の書簡・著作等が、より克明にこれを伝えている。それらは今日『日本史』（ルイス＝フロイス）・『日本巡察記』（アレキサンドロ＝ワリニアーノ）・『イエズス会士日本通信』『イエズス会日本年報』等々としてまとめられており、窺うに利便の多い事情となっている。勿論それらには一－二の見当違いなどからする誤記があり、また人物描写も、彼らの立場から感情を交えた毀誉褒貶をしているなどの点があるが、記述はおおむね正確であり、かつ精彩に富んでおり、ドラマチックでさえある。従ってかなりの部分、十分に史料として利用し得るものである。ここでは主としてこれらの史料によりながら若干みてみたい。

わが国への布教を目的として、天文十八年（一五四九）七月二十二日鹿児島に上陸したイエズス会の宣教師フランシスコ＝ザビエルは、同地の領主島津貴久に謁して布教の許可を得た。しかし貴久の冷淡さから、以後実際にはさほどの成果を挙げ得なかった。そこで翌年、彼は鹿児島から平戸に赴き、僅々一ヵ月程の滞在ののち、博多・山口を経て京都に赴いた。将軍から全国布教の許可を得ようとしたのである。しかし当時、朝廷は勿論、将軍の権威は殆んど失墜しており、全国布教の許可を求めるのは無意味であることを悟らざるを得なかった。直ちに彼は平戸に戻り、今後の布教には各地の大名からその許可を得るより他なしとの認識から、次いで山口に赴き、同地で大内氏の庇護の下に布教を行なった。しかし所期の成果は上らなかった。「此方面に於て発見したる諸国中、日本国民のみキリスト教を伝ふるに適せり」、としつつも、「但し之には非常なる労苦を要すべし」（天文二十一年一月四日付、ザビエル書簡）、というのが彼の得た結論であった。かくて彼は一旦インドへ渡り、日本での布教計画を練り直すこととした。ところがそうしたわが国からの出国直前、突如彼は豊後の大友宗麟の招聘を受けたのである。宗麟の書信はポルトガル船の豊後入港を知らせると共に、個人的な話し合いのため、その館に来臨す

ザビエル、豊後に宗麟を訪ねる

往時ポルトガル船の入港した日出の港（大分県速見郡日出町）

ることを請うたものであった。これに対しザビエルは、一つにはこの領主が果たしてキリスト教信仰に傾いて、布教活動をこの地で展開するに適しているか否かの瀬踏みをするため、また一つには入港中のポルトガル人に会うためこれに応じ、彼以下一行五名は豊後に赴いた。かくて天文二十年（一五五一）九月、彼らは豊後への第一歩を印し、到着の翌日宗麟をその館に訪ね、彼に謁した。そして宗麟の絶大な歓待を受けたのである（天文二十一年一月二十九日付、ザビエル書簡）。ザビエルは非常に喜び満足した。後述する宗麟の好奇心の強さは、ここでもまた十分発揮された。ともかく豊後におけるキリスト教布教の糸口は、こうして開かれたのである。時に宗麟二十二歳のことであり、また家督継嗣後僅か一ヵ年半という治世当初のことであった。

ザビエル出国

宗麟、ポルトガル王に親書

ザビエルはおよそ二ヵ月豊後に滞在したのち、最初の計画通りポルトガル船に便乗してインドに向け出発した。その出国に際し、宗麟はポルトガル国王に親書と贈物を呈し、またゴアの同国インド総督に敬意を表するため、一人の家臣をこれに同行せしめたのであった(同前)。こうして視野を海外に広げ、その国王と交わりを結ぼうとする彼の姿勢には、単に一地方の戦国大名に止まらぬスケールの大きな人柄が察せられる。

ガゴ、豊後に来る

トルレス

ガゴ、宗麟に説教

ザビエルの退去した翌天文二十一年(一五五二)七月、宣教師バルテザル=ガゴなる者が二名のポルトガル人と共に鹿児島に上陸したのち、八月豊後に入国した。宗麟は彼らに宿泊所を与えた。またザビエル退去後、山口にあって日本布教の主役を務めていたコスモ=デ=トルレスは、ガゴ等の豊後到着を知り、直ちに修道士ジョアン=フェルナンデスを豊後に派遣した。フェルナンデスは日本語に精通していたので、ガゴ等と宗麟の対話の通訳をさせるためであった。ガゴは宗麟に謁して教を説いた。宗麟は熱心に傾聴した。ガゴが、人を殺すこと勿れ、姦淫すること勿れ、偽ること勿れ、他人の物を欲すること勿れ、等々と説いたのに対し、宗麟は悪人を殺すことを命じなければどうして領国を統治することが出来ようか、等々として、信仰と政治のジレンマに真剣に悩んだりしたという（天正六年九月十六日付、ルイス＝フロイス書簡）。この点宣教師等の説教を聴いて、不快の意を露骨に現わした山口の大内義隆と好対照をなし、宗麟の寛大さを窺わせるものといえよう。しかも宗麟は領国内にキリシタンのいないことを遺憾として、信徒の出現を期待した。宣教師等の領国内滞留と、その布教を快諾したのはいうまでもない。

布教を許可

ガゴはトルレスと布教打合わせのため山口に赴いた。山口にはこれより先、先述のようにすでに宗麟の弟晴英が義隆滅亡後、義長と称して大内氏の遺跡を相続していた。宗麟はこの義長にもその領国内でのキリスト教の保護を依頼していた。義長はその依頼通り彼らを厚遇した。そして修道士ペトロ＝ダルカセバがインドに赴くことを知り、宗麟は第二回使節をこれと同行派遣すると共に、総督宛に書簡を託して、自領内に来る宣教師等を大いに厚遇し、家屋を与えるなどのことを約した（天文二十三年同人書簡）。

宗麟第二回の遣使

二　キリスト教の保護と信徒の増大

豊後領内におけるキリスト教は、右のように宗麟の絶大な庇護の下に発展の足掛りが

僧侶等憤慨

つけられたのであるが、このことは仏教の僧侶を著しく刺激した。彼らは宣教師等との間に宗論を戦わせた。しかしそれもかなわぬことを知った彼らは、漸次これに迫害を加えるようになった。これに対し宗麟は、宣教師等の住院に投石する者を発見次第処罰することを厳命した（同前）。

正式に布教を許可

領内の信徒六―七〇〇〇人に達す

天文二十二年（一五五三）、宗麟は宣教師等に正式に布教許可を与えた。これによって彼らは、進んで街頭説教に乗り出し、また病人の治療にも成果を挙げた。こうした宗麟の保護から、この頃府内を中心とする領国内の信徒はすでに六―七〇〇〇人に達した。そして同年六月には、府内に従来のものより一層立派な宣教師等の住院が建築され、これに十字架を掲げて落成の記念式が挙行された（同前、その他）。

宗麟と重臣、相互に入信を牽制

この当時、宗麟自身にも入信の内意は全くないわけではなかった。しかしのち元亀元年（一五七〇）、京都大徳寺の怡雲（いうん）を豊後に請住せしめたなどの点からすれば、当時全くキリスト教に耽溺したのではなかったようである。彼は領国内で、少なくとも大身中数名の者の入信を待たねば、国内に紛争が起こることを恐れ、率先して入信することを躊躇した。一方また大身の一人で、年寄の経歴を有する朽網鑑康（くたみあきやす）もまた、その家臣には入信を勧

府内の信徒一五〇〇人

めつつも、自身は宗麟の意向を計りかねて入信をはばかっていた（ルイス＝フロイス『日本史』）。つまり彼らは、互いに牽制し合っていたのである。

弘治元年（一五五五）になると、府内の信徒は一五〇〇人に達するに至った。しかし、当時入信する者は貧者・病人のみで、武士は殆んど含まれていなかった。この頃、ルイス＝デ＝アルメイダというポルトガル人が、一〇〇〇クルサドを提供して宗麟の保護の下に小児科医院を設立した（弘治元年九月五日付、バルテザル＝ガゴ書簡）。さらに当時住院に投石し、或いは宣教師等が人肉を食するとの噂が立てられたが、これに対しても宗麟は、警備の者に住院を守らせたので事なきを得た。またガゴは、キリスト教の解説書を編纂していたが、これを宗麟に献じたところ、彼は大いに満足した（弘治元年九月五日付、ドワルテ＝ダ＝シルバ書簡）。

キリスト教会堂の跡（大分市）

宗麟、館を教会に寄進

一方信徒は増大を続けたが、この中には禅僧から信徒に転じたものもあった。また信徒の出身地も、府内以外に及んだ。たとえば先述の朽網氏の本拠である直入郡朽網郷には、当時二〇〇名の信徒が数えられた。また同年、宗麟は館の一つを教会堂に寄進した（同前、その他）。また翌二年（一五五六）、宗麟は当時大身で肥後方分小原鑑元の謀叛による混乱の最中にあったに拘わらず、宣教師等の希望通りの地域に赴かせ、必要な馬の他、あらゆるものをその願い通り与えたりして彼らを感激させた（弘治三年十月十一日付、ルイス＝デ＝アルメイダ書簡、その他）。

府内、日本布教本部となる

弘治三年（一五五七）、山口においては先述のようにキリスト教の庇護者であった大内義長が毛利元就に討たれて滅んだ。このため山口にあって日本布教を主宰していたトルレスは、日本における布教本部を山口から豊後府内へと移した（同前）。トルレスもまた当然府内に移住することとなった。かくて豊後は、これ以後日本における布教の中心的位置を占めるに至った。宗麟はトルレスに家を与え、またその住院を訪ねて晩餐を共にした。彼はまたらいその他の治療のための病院と、医師の住宅を建てた。その評判は遠く京都・堺まで聞こえ、これらの地域からも二〇〇名以上の者が受洗と治療のため訪れ、しかも成果を挙げた。これらのことからキリシタンとなる者も少なくなかった（永禄二年十月二日付、バルテザル＝ガゴ書簡、その他）。

新ポルトガル王、宗麟に親書を送る

先に宗麟がザビエルの出国に際して、ポルトガル王ドン＝ジョアン三世に親書を託したことは先述したが、これは遅れてその臨終近くに王の下にとどいた。王は返書を書くことが出来ぬままに没した。よってその孫で王位を継承したドン＝セバスチアンが永禄二年（一五五九）二月二十六日付で祖父に代わって返書を認め、やがて宗麟の下に送達されて来た。この中で王はキリスト教に対する宗麟の保護を謝し、以後の援助をも依頼した。

宗麟、ポルトガル王・印度総督らに贈物を呈す

永禄三年（一五六〇）十月、トルレスの管下で豊後での布教活動に尽力していたガゴは、印度に向け出国した。宗麟はこの際ポルトガル王に、鞘に金細工の蛇の巻いたみごとな脇差を、また印度総督にも同じくみごとな太刀を贈るべく託した。不幸にしてこれらの贈呈品は、暴風による破損のため返送されて来た。宗麟は改めて総督に見事な鎧や兜、長刀を贈った。総督ドン＝フランシスコ＝コウチニョ伯爵は非常に喜んだ（永禄五年十一月十四日付、バルテザル＝ガゴ書簡）。これは宗麟のポルトガル貿易に対する周到な配慮よりなされた一面があるものと推察される。

宣教師・修道士、宗麟の下に次々に来住

宗麟が弘治二年（一五五六）ごろから時に臼杵に滞在し、永禄四年（一五六一）八月以前よりこれに常住したことは既述の通りであるが、翌々六年には修道士ルイス＝デ＝アルメイダが府内に来、次いで臼杵に宗麟を訪れた。また同年、宣教師ジョアン＝バウチスタが肥前横瀬浦（長崎県西彼杵郡）に上陸し、同七年宗麟の下に来り謁した。この他さらに八年にかけて宗麟の下に来住していた者として、修道士ギリエルメ、宣教師ジョアン＝カブラル、修道士ミゲル＝バスらが知られる（永禄九年閏八月三日付、ミゲル＝バス書簡、その他）。

臼杵に住院・会堂建設

また永禄十年（一五六七）、臼杵の城下のうち最良の場所に宣教師等の住院及び会堂が建てられた。宗麟は義統・親家の二子を連れてこの住院を訪れ、宣教師等と食事を共にした。その後宗麟の女三人も臼杵の会堂を訪れた。臼杵の会堂には、メルショール＝デ＝フィゲイレトが、ジョアンと共に駐在することとなった（永禄十年八月二十五日付、メルショール＝デ＝フィゲイレト書簡）。

ポルトガル王、再び宗麟に親書

これより先、ポルトガル王ドン＝セバスチアンは宗麟あて永禄五年（一五六二）二月第二回親書を発し、宣教師等の庇護を望むと共に、宗麟の入信を希望した。信徒の増大に利するところ大であると考えたためであろう。この際、先の第一回親書で宗麟を「高名なる太守」と宛書して記した王は、今回は「高貴にして尊敬すべき豊後の太守」と記した。しかし宗麟はいまだ入信するに至らなかった。

宗麟のキリスト教に対する態度

宗麟の宣教師等に対する好意が、キリスト教に対する彼の純粋な宗教的信念に基づくものであるならば、或いはこの時点にあってはすでに入信していて然るべきであるともみられる。そこを敢て入信せず、しかもさりとてこれらを袖にする程に明確な態度をとらぬところは、何か宗教外的な事情があるといわねばならぬ。そしてその最大の理由は、軍事的・経済的利益を得んとする点にあったとみられる。このことは後に示す事情からも十分察することが出来る。しかし彼において、若しそうした不純な要素が強く感ぜられたのであれば、薩摩の島津貴久・肥前平戸（長崎県平戸市）の松浦隆信らが共に宣教師等のいとうところとなり、それらの地から彼らが立ち去ったと同様、宗麟領下の豊後からも宣教師等は逃れ去ったことと思われる。いかにポーズをとって宣教師等を欺くとしても、二十数年にも亘って鋭い彼らの眼を欺き続けられるものではない。やはりそこに、彼のキリスト教に対する宗教的信念の強さを認めねばならぬのであって、この点において、右の島津・松浦氏等々と異なる複雑な宗麟の人物像が認められねばならない。

宗麟、硝石を求む

毛利氏と交戦中の永禄十年（一五六七）九月、宗麟は中国に滞在中の司教ドン＝ベルショール＝カルネイロに書簡を送った。この中で彼は自分がイエズス会に少なからず庇護を加えていることを力説し、ついで山口に宣教師等を赴かせ、その布教活動に庇護を加えるため、その領主たる毛利氏を討ち破りたい。このため山口に火薬の原料たる硝石を輸入せしめることを以後一切止め、代わって自領にカピタン＝モール（ポルトガル船の対日航海を指揮する総司令官）をして以後毎年良質の硝石二〇〇斤を輸入させてほしい。そのためには一〇〇タイス、又は貴下で指定されるだけの金額を支払うであろうとしている。

宗麟、大砲を求む

彼はさらに翌十一年（一五六八）八月、重ねてカルネイロに書簡を発した。宗麟はこの中で、先に鎧・兜等の贈物を呈した例の印度総督が、彼や宣教師等の斡旋も加わって、大砲一門を贈与される運びになったことを感謝し、これが運送の途中船の沈没によってマラッカの海中に失われたことを遺憾とし、将来また再び贈られるよう尽力を願っている。そして自領が敵と境を接しており、領国が繁栄すれば領国内のデウスの会堂、宣教師やキリシタン、また当地に来るポルトガル人も繁栄し、利益を得ることとなるのだと強調した。正に〝法衣の下から鎧〟の感があり、ここに政略家としての宗麟の本性が、遺憾なく発揮されているとみられる。

永禄末年当時、宗麟は中国の毛利氏となお交戦中であった。宗麟のペースに乗せられた宣教師等は、彼のため戦勝を祈願した。キリスト教に好意を寄せなかった宗麟夫人も、この時ばかりは宣教師等に戦勝祈願を請うた。またこの頃、義統もしばしば府内の住院を訪れるようになった（永禄十二年九月二日付、メルショール＝デ＝フイゲイレト書簡）。

宗麟、大徳寺の怡雲を招き寿林寺を建立

宗麟のキリスト教庇護の態度は、従来と何ら変わるところはなかった。しかしその一方において、彼は大友氏歴代の氏寺である府内最大の寺院である万寿寺に保護を加えるのみでなく、京都から大徳寺瑞峰院の名僧怡雲（いうん）禅師を招き、彼について禅学を修した。そしてそのため臼杵に寿林寺を建立した。大身等の多くも、またこれに倣って修禅に励んだ（元亀二年九月三日付、ジョアン＝バウチスタ書簡）。

キリスト教に傾斜するかと思えば、また一方で仏教にも傾き、同時に双方に興味を示す宗麟の底知れぬ幅広い抱擁力は、たとえ一時期ではあるにせよ、一個の人格の中で矛盾することなく同居した。宗麟としては心の安らぎを求めて魂の彷徨を重ねていたものであろう。だがこのことは、宣教師等を誠に当惑させるものであった。しかしさりとて、彼らから疎まれるに至らぬところに、「政治家」宗麟の宗麟たる面目躍如たるものがあったのである。

三　宗麟の家族とその動向

宗麟夫人

ここで少し宗麟の家族について述べてみたい。まず夫人については、彼は生涯を通じて前後三人の正室を得ていることが確認される。

一色義清の女

まず最初に挙げねばならぬのは一色義清の女である。もっともこれについて、『西国盛衰記』は一色義幸の女として相違する。しかし当時の関係文書（大友文書、その他）は義清の女としている。義幸が義清の別名でないとすれば、義清を採らざるを得ない。いうまでもなく一色氏は、三河国（愛知県）吉良庄一色を本貫とする足利氏の一門である。この結婚の時期、及び経緯は明らかでない。しかし宗麟が二十一歳で嗣立した直後にこれを離別したらしいこと（『大友興廃記』）、また両者間にもうけた子女も全く認められないことなどからすれば、結婚生活もさして長くなく、かつまたそれほど深い絆（きずな）で結ばれていたものでもなかったと思われる。ことに家督継嗣は、二階崩の変による父の卒去に伴うも

奈多鑑基の女

奈多八幡宮（大分県東国東郡安岐町）

のであり、この直後に離別していることからすれば、この結婚自体、何らか義鑑の政略によって已むなく従わせられたものかとも憶測される。片岡千鶴子氏はこの結婚を、義鑑の大内氏牽制策であるとしておられるが（同氏「大友宗麟の婚姻問題」『キリシタン文化研究会会報』一一―一）、これも一つの見解であろう。

この次に夫人に迎えたのは奈多八幡宮（大分県東国東郡安岐町）大宮司奈多鑑基（あきもと）の女である。その父の名乗である鑑基は、すでに宗麟の父義鑑から家臣として偏諱（へんき）を得たものであるとみられる。従って先に述べた、鑑基が宗麟の社家申次職であるというのは、宗麟の義父となった結果得た地位であったかとみられる。夫人の実兄がやはり同家から出て、武蔵田原氏に入嗣した重臣田原親賢入道紹忍であることはこれもすでに述べた。

結婚の時期については、天正五年（一五七七）当時、宗麟自身が結婚以来当時三〇年近いとルイス＝フロイスに述べたとあり（天正五年五月十九日付、ルイス＝フロイス書簡）、これからして恐らく前夫人離婚の直後であろう。この翌天正六年（一五七八）これも離別している。その理由は、彼女が八幡大宮司家の出身であることもあって、終始キリスト教に敵意を持ち続けたことから宗麟と溝を深めたことにある。この間の事情は後に詳述する。しかしともかく宗麟は、各夫人中最も長い三〇年近い結婚生活を彼女との間に送り、嫡子義統を含む六－七人の子女をもうけたのである（同前）。

次にこの離婚に伴い新しく迎えた夫人は、前夫人奈多氏のもとに仕え、また二男親家の妻の母に当たる人物であった。ルイス＝フロイスは「貴族」としているから、かなり地位のある人物の女であろう。ただし氏名については教名ユリアが知られるのみで詳細は不明である。当時すでに四十歳を越え、病弱であったという（天正六年九月十六日付、ルイス＝フロイス書簡）。

彼女は結婚歴を有し、このため宗麟との再婚には女を伴っている（教名キンタ）。宗麟との間に一女を得たらしい（天正八年九月十二日付、ロレンソ＝メシア書簡）。宗麟としては晩年一〇年足らずの期間を、彼女と過ごしたわけである。

大内義隆の女

なおこの他『鎮西要略』によると天文四年（一五三五）正月、大友義鑑と大内義隆が和睦した際、義隆の女を義鎮に嫁せしめるべく婚約がなされたとある。しかしこれを裏付けるものは知られない。よって一応ここではさし措くこととしたい。

この他宗麟には既述のように多くの側室がいたと諸書は記すが、事情が事情だけに実際はよく分からない。

「三男四女」

子女について、ルイス＝フロイスは「豊後の王（宗麟）に三人の男子と四人の女子あることを知るの要あり」（天正五年五月十九日付、同人書簡）と述べている。しかしこれはその発言の時期からして、夫人奈多氏との間に得た子供のみを指し、新夫人ユリアとの間に得た子、及びその連れ子（キンタ）を含んでいない。これらを加えると結局宗麟の子は三男・六女ということになろうか。宗麟が夫人奈多氏との間にもうけた嫡子（長子）義統は、

嫡子義統

永禄元年（一五五八）閏六月十八日府内に生まれた。幼名長寿丸、のち元服して新太郎と号

し、最後の将軍足利義昭に偏諱を請うて義統と名乗ったものである。後年吉統と改名するのは、秀吉の偏諱を得たものである。領国主として父ほどの資質に恵まれず、性格の弱さからキリスト教問題でも父母の板挟みとなり、苦悩することは後述する。

次男親家

次男に親家がある。永禄四年（一五六一）府内に出生。その母は義統と別腹であるともいう（常楽寺蔵「大友氏系図」）が、先に宗麟が奈多氏との間に六－七人の子女を得たとすることなども併せ考えると、むしろ奈多氏との間の子とすべきであろう。林新九郎と称し、のち鞍掛田原親宏の子親貫の養子となる。恐らく従来大友氏に反抗的な態度をとり続けて来た田原氏に入嗣せしめ、これを乗っ取り懐柔せしめようとする歴代大友氏の常套手段が、宗麟によってここでもまた採用されたものであろう。しかし親貫が叛き、義統によって討たれて同家が滅亡したのちはその名跡を相続した。後年島津氏の豊後侵入の際はこれに内通し、こと露見して義統の激怒を買った。

三男親盛

三男親盛は、永禄十年（一五六七）臼杵に生まれた。これも常楽寺蔵「大友氏系図」は義統とは別腹であるという。真偽不明である。同系図の一つによると、初め彦山黒川座主となり、後還俗し田北氏に入嗣して田北弥十郎と称した。田北紹鉄滅亡後、さらに田原紹忍の養子として同家に入嗣したとする。田原氏に入嗣したことは、イエズス会士の記録で裏付けられるが、彦山座主及び田北氏入嗣の記事については裏付けるものがなく不明である。若しこれが事実であれば、最初後述する親家と同様僧侶たらしめんとしたのち、策謀家の田北紹鉄家の懐柔乗っ取りを狙った宗麟の、周到な配慮によったものであると思われる。

なお「大友氏系図」の一つには、さらに親家の兄に「三位公彦山座主」として、男子一人を記すものがある。しかし親家が次男であったらしいことは、イエズス会士の記事からも明らかであり、恐らく三男親盛の彦山座主とを混同したもので、実在したのではあるまい。

なおこの他、宗麟には数人の女のあったことが判明する。その女については系図によって相違し、これを六人とするものの他、七人、さらに八人とするものなど種々相違する。うち長女は土佐の亡命貴族一条兼定室となり、さらにのち再嫁して清田鎮忠室となった人物。次に久我中納言室となった人物がある。次に「奈多大膳大夫鑑元室」となった人物があるとする。しかし鑑元は鑑基と同人であるともみられ不審である。少なくともこの三人の母は、義統同様奈多氏であったらしい。このうち久我氏に嫁した女が、母

清田鎮忠室

久我中納言室

臼杵統尚室
小早川秀包室
志賀親教室

と共にキリスト教に偏見を強く有していたことは後述する。

次に家臣臼杵統尚に嫁した者の他、小早川秀包に嫁した者のあったことが知られる。以上は諸系図にほぼ共通してみられる人物である。さらにこの他、重臣志賀親教（親孝）室となった人物のあったことは、イエズス会士の書簡にもみえる。

なおこの他、一万田・大津留両氏等といった豊後内の家臣や、遠く肥後阿蘇大宮司家に嫁した女のあることを記すものもあるが、真偽不明である。

さらになお天正五年（一五七七）には、義統が夫人吉弘鑑直の女との間に嫡子塩法師丸（義乗）をもうけており、宗麟としては、従ってこの時嫡孫を得たこととなる。

以上みるように、宗麟の家族は当時の戦国大名の常として、宗麟自身父義鑑の家庭にあって体験したと同様、まことに複雑な事情の下にあったといわねばならない。そしてキリスト教をめぐって、一家はやがて二つに分裂するのである。

天正期に入ると、宗麟の態度は確実に従来より一歩キリスト教に接近して来た。天正三年（一五七五）頃、重臣志賀親教夫人たる宗麟の女と、その妹が説教を聴きに会堂を訪れるようになった。さらに義統と親家が、同じく説教を聴きに会堂に赴き、両人共に受洗を希望した（天正三年八月八日付、フランシスコ＝カブラル書簡）。

宗麟女婿一条兼定受洗

これより先、宗麟の婿であると同時に甥である土佐の一条兼定が、領内の謀叛のため夫人と共に豊後に亡命滞留中であった。彼は三ヵ月間絶えず説教を聴き、質問と議論を宣教師等との間に繰り返していたが、遂に信徒となる決心をし、同じく天正三年（一五七五）入信した（天正四年八月十七日付、フランシスコ＝カブラル書簡、その他）。

宗麟、親家への授洗を求む

こうした折、たまたま肥前大村（長崎県大村市）に滞在中のカブラルは、宗麟から重要協議のため早急に臼杵に来るよう連絡を受けた。それは宗麟の次男親家と、その数名の部下を入信せしめたいという申し出であった。これはカブラルにとっては大きな喜びであった。

初期の信徒はほとんど下層民と病人

それは過去二〇年にわたる布教の歴史において、武士でキリシタンとなった者は極めて僅かであって、その多くは、特に布教開始当初にあっては、ほとんど下賤な者や病人に限られていたからである。

宗麟の親家授洗要請の理由

宗麟が親家を入信せしめたいというのは、次のような理由によるものであった。一体当時わが国の領主において二人の息子が居り、このうち一人が家督を嗣ぐ場合、他の息子の謀叛を防ぐためこれを世俗に置かず、僧侶となすのが慣わしであった。宗麟もまたこの慣習に従い、次男親家を僧侶となそうとしたが、親家はこれを嫌い、頑強に拒んだ。そこでキリシタンとなれば兄に服従し、謀叛を起こすことはあるまいとの思惑から、宗麟は親家及びその部下の入信を希望して来たのであった。もっとも「大友氏系図」の一つによると、親家は初め一旦臼杵寿林寺の喝食（かっしき）となり、後還俗したとしている。或いは宗麟がカブラルに親家の出家を伏せていたのかも知れない。いずれにしろ不純極まりない動機ではあるが、嫡庶の抗争については、くり返すが宗麟自身も先に二階崩の変で苦い体験を持っているので、切実なものがあったと思われる。ともかく宗麟自身がその息子の入信を希望して来たことにカブラルは感激した。だが父親のそうした政略とは別に、キリシタンとなることは親家自身大いに希望するところであった。かくて天正三年（一五七五）十一月、ポルトガル王と同じドン＝セバスチアンの教名を授けられ、彼とその部下は入信した。宗麟及び宣教師等は共に歓喜した（同前）。

親家入寺を嫌う

親家受洗

親家の入信の影響は大きく、これ以後大友氏家臣の入信が相次いだ。つまりこれ以後従来と異なり、武士階層へと信徒の幅が拡大されたのである。親家は仏教を憎み、府内の寺数ヵ所を破却した。僧侶等は宗麟の親家入信の処置を、仏教に対する最大の侮辱と

武士階層の信徒増大

して憤慨した（同前）。

宗麟夫人キリスト教を嫌う

一方宗麟夫人、及びその女の一人で後年久我中納言に嫁した人物は、かねてよりキリスト教に悪意を持っており、宣教師等の国外追放を策していたが、こうしたキリスト教の発展によって仏教が圧迫されたとして、宗麟及び義統等がキリスト教から離反するよう努力した。しかしそれは及ばなかった。この頃宗麟夫人は、宣教師等からゼザベルの渾名（あだな）を以て呼ばれるようになった。ゼザベルとはイスラエル王アハブの王妃で、バールを崇拝し、予言者エリヤスを追放した人物のことである。キリスト教に偏見を有する彼女に、宣教師等はこの渾名を奉ったのであった。この間義統は、デウスの教について仏教徒との間に一種の宗論を闘わせる会を催し、その審判者となったが、義統はここでキリスト教を擁護する態度を示し、宣教師等を喜ばせた（同前）。

エステバンをめぐる紛争

こうした折、さらにキリスト教をめぐる紛糾が生じた。先述の久我中納言に嫁した宗麟の女に仕えていた少年の中に、エステバンという信徒がいた。彼女はエステバンに、仏寺に行き護符を受けてくることを命じた。しかし彼はその命に従わなかった。この一件は、彼女とその母宗麟夫人によって大いに問題化された。そして宗麟夫人は、宗麟及び義統の家臣の中のキリシタンが仏教徒に転じ、以後再びキリシタンとなる事のないよう訴訟を起こした。そしてキリシタンが神及び仏の教を攻撃し、旧慣を破り、家臣をして領主に背かしめる故、宣教師等を追放すべしとして、先の一件を誇張して伝えた。しかし宗麟はこれにいささかも動じなかった。しかし一方義統は、母の言に左右され易く、その妹とも親しかったので、彼はエステバンを殺害することを命じ、キリシタンがその主君に服しないことを理由に、以後家臣が信徒となることを禁止することとした。宗麟夫人は、他のキリシタンの家臣の転向を命じ、拒む者を刑死せしめようと計画した。エステバンは平然として死の覚悟を決め、カブラルもまた会堂において殉教の意を決すると共に、エステバンのため種々弁明した。宗麟は事件の円満解決を計るべく、そのことをカブラルに約した。そこで義統も父に従い、この少年を遂に宥すに至り、事件は落着した(同前)。

四　田原親虎の入信と夫人との不和

宗麟夫妻不和に陥る

かねてキリスト教をめぐって不和に陥っていた宗麟夫妻は、右のエステバンの一件から、その関係は一層冷却して行った。しかしさらに対立を抜き難いものとする事件が生じた。

田原親虎

当時、先述した宗麟夫人の実兄で実力者の田原親賢に、親虎という京都の公家出身の養子がいた。この親虎は、かねて宗麟の女と婚約中であった。彼はキリスト教に惹かれ、信徒となる決心をしていた。しかしこのことが宗麟夫人に知れるや、彼女は激怒し、兄親賢を招いて、親虎が信徒となることを止めしめるべく、若し信徒となれば婚約を破棄することを申し渡した。

親虎受洗

親賢は宗麟夫人と共に、豊後におけるキリスト教の最大の敵手として、すでに広く知られていたところであった。親賢がこれに同意したことはいうまでもない。しかるに親虎は、婚約の破棄や廃嫡も覚悟の上でしきりに受洗を希望してやまなかった（天正四年八月十七日付、フランシスコ＝カブラル書簡）。親賢と宗麟夫人は、彼を一時隣国豊前に住まわせるなどして、キリスト教から離れるべく種々画策した。しかしそれにも拘わらず彼の決意は堅く、遂にシマンの教名——この際彼は敢てドンの敬称は採らなかった——を得て、三名の部下と共に受洗した。時に天正五年（一五七七）四月七日、サン＝マルコの祭日の前夜であった。この間カブラルが親虎を激励し、また宗麟も親虎の訴えるところを聴いて、何かと支持を与えたのであった（天正五年五月十九日付、ルイス＝フロイス書簡）。

養父田原親賢激怒

親虎の入信を知った親賢は激怒した。そして宗麟夫人と共に親虎を迫害した。親虎の入信をめぐって、宗麟夫妻の対立は一層つのった。シマンは迫害の苦しみから、密に一書を宣教師の下に送り、宣教師が修道士ジョアンをしてこのことを宗麟に伝え、宗麟から故なくして義父が迫害することを止めるよう計らわれることを願った。これに対し宗麟は、親賢自身が元来説教を聴くため親虎を教会に連れ来り、又宣教師はその信仰の程を試すため、一年半も洗礼を延期したのであるからとかくいうべき筋はない。信仰は自由である。自分は親賢の性格はよく知っている。領国主たる自分が、汝等親子のことに今干渉すると事が大きくなり、紛擾を生ずるから、今はそ知らぬ振りをしているが、時至れば断乎たる処置をとるであろう、と答えた。

宗麟の態度

しかし親賢はカブラルに対しても、会堂を破却し、内部に居る者をことごとく殺害するであろうと威嚇した。宗麟はこうした情勢を十分承知していたから、かねて何事かあれば直ちに通報するよう宣教師等に命じていた。よってカブラルは、クレメンテと称する宗麟の家臣を遣わして、危険を宗麟に知らせた。これに対し宗麟は、親虎は義父親賢の意のままに扱うのも已むを得ぬが、会堂に対しては従来通り保護を加えるから、少しも怖れる必要はないと述べた(同前)。

一方この頃親賢は、手を尽して親虎に対し、彼が最も信頼する人物を利用して伝言せしめ、汝のため親賢は教会を襲撃し、宣教師等を殺害するであろうと脅かした。このため親虎は欺かれて、父の意に従って転向することを約した。しかしのち欺かれたことを知った親虎は、宣教師に謝罪した。カブラルもまたこれを宥したうえこれを慰め、さらに激励した。

親賢はいよいよ会堂を破却し、宣教師等を殺害しようとして、多くの部下を遣わした。これに対しキリシタンの武士等は会堂に集まり、襲撃に備えた。また宣教師等は貴重品を始末するなどして殉教の準備をした。こうした緊張は二〇日以上続き、この間最も激しい衝突が二昼夜行われた。

宗麟夫妻の動き

宗麟夫人は、全力を尽してシマンの心を動かして転向せしめようと謀り、宗麟及び義統の下に使を遣わし、宣教師等を憎ましめようと努力した。一方宣教師等は宗麟に書を送り、あくまで親虎を保護し、そのためには殉教の覚悟であることなどを述べた。宗麟は宣教師等を保護することを約した。また宗麟は親虎に、その義父と和解せしむべく、親賢の面前では一時キリスト教から離れたよう装おってはどうかなどと助言した。しかし親虎は、これさえも頑(かたく)なに拒否した(同前)。

宗麟夫妻の不和決定的

一方早くキリシタンとなっていた宗麟の次男親家は、伯父親賢に対し、親虎を迫害することは宗麟に対する侮辱であるなどとして、激しく難詰した。これに対し宗麟夫人は、親家はもはや我が子と思わぬ、などと述べ、面会することを避けるほどになり、宣教師を国外に追放すべきことを力説した。しかし宗麟は全くその言に耳をかさなかった。宗麟夫妻の対立は決定的なものとなった。夫人は急病を発し、その苦痛のため病床に臥した。そして夫人の姉も、火災のため邸を焼失した。宣教師等は、これを天罰によるものであろうとした(同前)。

三男親盛、親賢の養子となる

親賢の怒りは止まず、ついに天正六年(一五七八)親虎を廃嫡して、これを京都の実家に帰らせた(天正六年九月十六日付、ルイス＝フロイス書簡)。そしてのちこれに代わり、宗麟の三男親盛が新たに親賢の養子に迎えられるに至ったのである(「天正十一年年報」)。

五　夫人を離婚し信徒となる

田原親虎の受洗問題から、夫人との間に救い難い不和に陥った宗麟は、漸次夫人を離婚したい衝動に駈られて行くのを、抑えることが出来なくなった。以前にも宣教師等に送った書簡で宗麟は、親虎事件に伴う領国の騒擾は、すべて夫人が原因をなしたものであり、いずれこれを離婚して追出すはずであるが、何分結婚して三〇年近く経過し、しかも六－七人の子女をもうけている。従って今直ちに離婚すれば、一族及び領民の間に大騒動が起こり、領国は少なからず混乱するであろうと述べ、早急な離婚は思い止まっていた。そして夫人との間に、いたずらに、空虚な生活を送っていた。しかし夫人のキリスト教に対する憎悪は日増しにつのり、信徒になろうとする者を引止め、また信徒に対しては転向を勧め、頸に懸けた数珠、又は影像を無理に引きちぎって火中に投ずる等のことを行なった。

宗麟、夫人奈多氏を離婚し、新夫人を娶る

こうしたことから遂に腹に据えかねた宗麟は、いよいよ離婚の決意を固め、臼杵城外に一つの館を造り、ここに夫人の下に仕えていた一女性を新夫人に迎え、自ら城を出て

大分市の一角に立つ宗麟の銅像

これに移り住んだ。天正六年（一五七八）の早々の頃と思われる。夫人を追出したのではなく、城に夫人を残し、自ら城を出て新夫人との生活を開始するに至ったのである。このことを知った宗麟前夫人は、怒りと屈辱のため自殺を計った（天正六年九月十六日付、ルイス＝フロイス書簡）。

宗麟、信仰生活へ傾斜

宗麟は新夫人のため修道士を招き、説教を聴いた。そして彼は、家督譲与後も義統を補佐すべく行なっていた公文書の処理、大身等との会議などの領国統治に関する公務の一部を放擲して、毎夜その説教を一〇時・一一時に至るまで聴いた。そして漸次より深い信仰生活へと傾斜して行ったのである。

新夫人受洗

こうしてついに新夫人と、その伴い来った女に洗礼を受けさせ、夫人にジュリア、女にキンタと称せしめた(同前)。

教具等を整備

修道士ジョアンは宗麟の請により、毎日曜午後彼の下に行って説教をした。これは五～六ヵ月に及んだ。その結果いよいよ教義に惹かれた宗麟は、従来修めていた禅学を廃し、寺院に赴くことを止め、キリスト教に帰一する決意を固めた。しかも彼は大身等との会食の座において、神仏を崇拝する者が無智蒙昧であると公言する一方、キリスト教を絶賛してはばからなかった。自由な隠居の身分となったがためでもあろうが、それにしても彼は、漸次政治家としての打算を度外視して、キリスト教へと没入して行ったようである。

彼はみごとな数珠、精巧な金の十字架、聖宝を納める箱等の作成や、イエスの像を描くこと等を京都の職人に注文した。またその後彼は、修道士ジョアンを介して、懐に入れて暗誦するため、ヨーロッパ風に装丁した手帖を作り、これに日本文字でラテン語のパーテル＝ノステル、アベ＝マリア、ケレド、サルベ＝レジナ、十戒・一般懺悔、その他の祈禱を記すよう願った。そして昼夜この暗誦に努め、しばしば頭痛を覚えるほどであったという(同前)。従ってその教義の理解の程度はともかく、非常な打込み方であったことが分かる。この時期では、ほとんど純粋な信仰のレベルに達していたものといわねばならない。

宗麟、受洗の決意を披露

或る日曜の説教ののち、宗麟は特別室に修道士を招き、いよいよ入信を決意するに至ったことを明らかにした。従来信徒となろうとしたが、今日までこれを延期したとして、その延期と、今受洗を希望するに至った理由を二つ挙げた。その一つは従来国事に多忙であったが、今や家督を譲り、閑暇を得て自省することが出来るに至ったこと。いま一つは仏教の教義を究めようとして、多額の経費を投じて寺院を建て、京都から学僧を招いて修学もしたが、却ってその浅薄なことが分かり、心の不安をつのらせるに至ったこと。この二点であった(同前)。国事に多忙であったと弁解するのは表面的なことで、こ

受洗決意の理由

れには先に宗麟自身も述べたように、領国主の地位にあった当時としては、軽率な入信には家臣や僧侶の抵抗があり、避けざるを得なかったことが先ず挙げられよう。次に家庭にあって、キリスト教に悪意を有する前夫人や一部の女達との間に、著しい不和を招くことを避けたかったこと。さらに姦淫を禁ずることなどを内容とするキリスト教の戒律に照らして、必ずしも十分な自信を得るに至らなかったこと、などの点が挙げられる

受洗の時期

と思われる。

そして宗麟は修道士に、最初は近日決行を予定している日向遠征の帰還後、受洗を考えていたが、予定を繰り上げ早急に受洗することとしたい。宣教師カブラルは、下（豊後以外の九州諸地域）の地方に旅行を予定していると聞くが、このため出来るだけ早く当地に帰還されるよう伝言願いたい。なお教名は発音し易く、他の人があまり用いないものを選んで欲しい、と述べた。

教名フランシスコ

これについて修道士ジョアンは、次の日曜日再度宗麟の下に行くはずであったが、その一－二日前、宗麟の下から一人のキリシタンの使が彼の下に来り、宗麟からの伝言を述べた。それによると、先に教名を選ぶことを依頼したが、メストレ＝フランシスコこそ最初に接した宣教師であり、同人から初めてイエスのことを教えられ、また彼が高徳で聖人たるべき人物であることを聞いた。故にこのフランシスコこそ最も自分に適した教名であると思う、というものであった。彼は宗麟の着想を褒め、そして宗麟がそうしたフランシスコを模倣すべきことを勧め、使を返した（同前）。

宗麟は受洗の前から毎日、聖母のロザリヨ全部、アベ＝マリア一日五〇回、パーテル＝ノステル一五回を唱え、これを朝昼夜の三回、館にあっては数珠を頸に懸けたり、或いは手に持つなどし、重臣等の会合する場所にあっては、直ちに彼らに説教を始める有様となった。こうなっては、いよいよキリスト者である。しかも彼は、従来珍重し崇拝していた迦葉（かしょう）と達磨の像を函から取り出し、家臣に命じてこれを海中に投ぜしめた。このことが宗麟の師であり、かつ臼杵の禅寺の長老の僧（寿林寺の怡雲とみられる）に知れたため、彼はもはや豊後滞在の無意味を悟り、京都に帰還すべく宗麟の許可を求めた。しかし義統の取りなしで、辛うじて彼は帰国を断念した（同前）。

これより先天正五年（一五七七）十二月末、ルイス＝フロイスが豊後に来ていたが、宗麟は臼杵の住院にフロイスを訪ね、ローマ教皇の選挙の方式や、また巡察使が今年中に渡来するか否か等のことについて質問したりなどした。

宗麟ついに受洗

カブラルが下（しも）の地方への旅から豊後に帰った二日の後、彼は宗麟から次の日洗礼を授けられることを希望する旨連絡を受けた。その当日宗麟は駕籠に乗り、同じく受洗する六－七人の家臣と共に臼杵の住院に来た。そこで彼はフロイスの説教を聴き、彼の手によって洗礼を受け、またカブラルからフランシスコの教名を受けた。時にアウグスチニ

宗麟の受洗、領国内外を驚かす

ョの祭日、すなわち天正六年(一五七八)七月二十五日のことであった(同前)。最初ザビエルを通してキリスト教に接してから、実に二十七年目のことである。

宗麟の入信は領国内外を大いに驚かせ、人々は容易にこれを信じようとしなかった。そして種々の憶測による解釈と評価が行われた。或る者は彼が知識偉大なるが故に、却ってこうした愚行に走ったのだとし、また或る者は、偉大な宗麟の入信は、やはりキリスト教の最善なることを実証するものであるなどと取り沙汰した。またこれによって、仏教徒の宣教師に対する偏見も大いに改められた(同前)。

しかし宗麟前夫人は田原親賢と共に、いよいよキリシタンの敵手としての態度を強め、父に倣って入信しようとする義統を妨げた(天正七年十一月二十七日付、フランシスコ＝カリアン書簡)。こうした数ヵ月の後、宗麟は新夫人とその女を伴い臼杵の会堂に来た。新夫人が会堂に赴くのは最初のことであったので、会堂は立派に飾られた。彼女は長時間祈禱し、宗麟は宣教師等と歓談に興じた(天正六年九月十六日、ルイス＝フロイス書簡)。

六　信教をめぐる義統との対立

宗麟、義統と不和に陥る

宗麟が天正四年（一五七六）初頭家督を義統に譲り、やがて同六年入信したことは先に述べた。この頃から宗麟父子は、漸次不和に陥って行った。その第一は、宗麟前夫人の示唆を受けた義統が宗麟に、新夫人の出産直前になって、新たに生まれた子供を、男女に拘わらず殺害するよう申し入れたことによるものであった（天正八年九月十二日付、ロレンソ＝メシア書簡）。

第二は、今や自由の身となりキリスト教に対して徹底した信仰を持ち続けようとする宗麟に対し、義統はなおキリスト教に悪意を有する宗麟前夫人（実母）の影響下にあって信念がなく、両者の板挟みとなって、時に宗麟に同じてキリスト教に好意を示すかと思うと、たちまち次にはこれに敵意を示すという具合で、態度に一貫性のない点であった（天正七年十一月二十二日付、フランシスコ＝カリアン書簡）。これは一面領国安泰を願うところからくる已むを得ぬ日和見なポーズともみられようが、やはり彼の性格の弱さ、根本的には領国主としての資質の欠如によるものとせねばならない。義統が危機に直面していかに

義統は学殖なく統率力を欠く

脆弱であったかは、後年宣教師追放令発布後の秀吉の威嚇に対し、不安を隠すことが出来ず、動揺したことによく示されている。しかもドモリの悪癖もあったという（天正十七－八年に関する日本及び中国についてのイエズス会総長宛某書簡）。義統宛年寄等の連署状（大友文書）にも、彼は宗麟ほどの学殖がなく、部下の統率力もないと、ハッキリ断言されている。

もともと義統も宗麟の嫡子として、キリスト教には最初好意を寄せていた。父に伴われ、親家と共に臼杵の住院にも赴いたことは先に述べた通りである。また宗麟の受洗に対しても賞賛を惜しまず、夫人と共にルイス＝フロイスを師として教義を学んだりした。しかしこれに対し彼の母は、義統夫人の母と共に頻りに義統夫妻の翻意を促し、ことに夫人の受洗については執拗に阻止を計った。このため義統は大いに悩み、重臣等も混乱し両派に分裂した。宗麟父子の不和もまた重臣等の知るところとなり、やがて田原親宏等の叛意をつのらせた（天正七年イエズス会総長宛、フランシスコ＝カリアン書簡）。

後述する日向遠征の初期、大友軍が勝利を得た時も、義統はキリストの神の恩寵によるものとしてこれに感謝し、信徒に改宗することを妨げる者は存在せしめず、また領国内に寺社を存在せしめずとして、これら寺社領を戦功の者に分配した。そして日向敗戦後も信仰心に変化はなく、あまつさえ自ら受洗の決意をし、公衆の面前でロザリオを頸に懸けるなどしたほどであった（同前）。そして天正八年には、豊後で新たに二三〇〇人の信徒が生まれた。この中には領国内でも相当に有力な人物も含まれていた（天正八年九月十二日付、ロレンソ＝メシア書簡）。これは宗麟父子の影響によるものであろう。

義統、キリスト教に冷淡となる

しかしいよいよ龍造寺氏を初めとする叛乱がつのり、さらに肥後のある有力領主から棄教を強要され、それを果たさねば領国危急の際援助を拒むであろうと脅迫されるに及んで、内心はともかく、少なくとも表面的には漸くキリスト教に冷淡となり、これから離れて行った。そして父宗麟と宣教師等がその変節を止め、翻意することを促したが、もはや効果はなかった。それのみならず、宣教師等の迫害をすら試みるに至った（天正七年イエズス会総長宛、フランシスコ＝カリアン書簡）。

重臣等、宗麟の殺害を企つ

そしてまた宗麟も、生来の病弱と老衰のためしばしば臥床するようになり、長命は困難とみられるに至った（「天正十一年年報」）。この頃になると領国内では宗麟に対する非難の声が強く、領国の混乱は、ひとえに彼が信徒になったことに基づくものであるとして、重臣等は共謀して、宗麟及び義統父子の殺害をすら計画するに至ったという（「天正九年年報付録」）。一方、親賢の養子親虎が廃嫡されたのち、新たに養子に迎えられた宗麟の三男親盛はキリシタンとなることを熱望し、宗麟もまた彼への洗礼を頻りに希望した。しかし彼は当時未だ十三歳にすら達しておらず、兄義統から惑わされることのないよう、むしろ宣教師等が洗礼を延期した（「天正九年年報付録」）。

万寿寺焼失

天正九年（一五八一）になると、重臣臼杵氏と宗麟前夫人の姉（或いは妹か）、及び豊後における最高位の僧侶が洗礼を受けた（同前）。また宗麟新夫人の女キンタの婿であった林某も改宗しゴンザロと称した（「天正九年年報」）。なおこの年大友氏歴代の菩提寺にして、府内最大の万寿寺が焼失した。これは義統が家臣に給すべき知行地を同寺領から捻出するため、廃寺にすべく放火させたものであったらしい（「天正十三年年報」）。そして同年、宗麟もまた豊前宇佐八幡宮に放火し、これを灰燼に帰せしめた（「天正十年年報」）。

三男親盛受洗

翌天正十年（一五八二）にはついに田原親盛が洗礼を受けた。（「天正十一年年報」には、その四年前の同七年受洗したとする。しかし一方「天正九年年報」には、未だ、受洗を希望している旨述べており、結局「同十年年報」の同年受洗説に従った。）教名はパンタレオンであった。親虎を廃嫡までして迎えた新養子に、またもや入信された親賢は、まことに皮肉であったといわねばならない。

この際義統は、従来母の示唆によって親盛に改宗を禁じていたにも拘わらず、態度を和らげ、彼に受洗を許したのみでなく、使者を住院に遣わし鄭重な挨拶を送ったほどであった。また同じく宗麟の甥で、元日向の領主であり、ゼロニモ伊東祐勝の兄である伊東義賢も受洗（バルトロメウ）した（「天正十年年報」）。また従来あれほどキリスト教を嫌った宗麟前夫人も、この頃から幾分態度を和らげ、数名の宣教師等の訪問を受けた際、嫌いであった宣教師等がいなくなったので、新しい宣教師等及び教会に対しては態度を改める決心であると述べた（「天正十一年年報」）。

親盛夫人受洗

宗麟は前述のように、天正十年（一五八二）以来津久見に隠棲していたが、同地の寺院三ヵ所の仏像をことごとく焼却せしめた（同前）。一方田原親盛もまた、親賢の妨害を受けつつも信仰を堅持していた。或る時彼の居城である豊前の妙見城に来た仏教徒の重臣が、彼に仏教徒の喜びそうな絵を描いたみごとな金の屏風を贈った。ところが彼はこれを不快であるとして、その面前でこれを焼き棄て、信徒としての強い態度を示した（同前）。そして天正十二年（一五八四）には、彼の妻も親賢の強い反対を押し切ってゴメスから洗礼を受け、マリアと称した（「天正十二年年報」）。

宗麟、親盛を愛す

宗麟はこうした親盛を、嫡子義統や次男親家以上に信頼し愛した。或る時彼は、義統から意見を求められた機会を捉え、重臣等の面前で次のように述べた。義統は我に意見を求めるが、これを聴いたことがない。また我を愛すると述べながらも、我に反対してキリシタンの増加を妨げようとしている。我は遠からず死ぬであろうが、葬儀のことは一切最年少のキリシタンである親盛に一任する、と。この申渡しに対し義統は一言も答え得なかったが、親家は泣いたという。この宗麟の発言は幾らか両人をキリスト教に志向させる効果があり、義統は幾人かの僧侶の収入を奪い、これを国外に追放した。また親家は僧侶が自領内を通過することを聞き、これを殺害した（同前）。宗麟が、「余りに世上笑止ニ見及び候」として、先述のような「覚」を志賀道輝及び田原親家宛に発したのは、正にこの頃のことである。

天正十二年における豊後の入信者三一〇〇〇人余

そして天正十二年、豊後・豊前両国で新たに入信したものは三二七九人（ルイス＝フロイスは二九〇〇〇人とするがその総計数は誤り）に達した。このうち豊後は三一五四人であった。その内訳は次の表の通りである。

地名が今日不明の箇所もあるが、殆んど豊後全域に信徒の出現をみたらしい。しか

国	内訳	入信者数
豊後	府内（大分市）	100人
	大佐井（大分市）	400
	高田（豊後高田市）	390
	ハテシ	672
	光吉	35
	住吉	20
	来鉢（大分郡挾間町）	45
	ヌウ	125
	由布・玖珠（大分郡湯布院町・玖珠郡玖珠町）	1000
	下郡	23
	津留	150
	朽網（直入郡）	70
	松岡	124
豊前		125
総計		3279

天正12年における豊後・豊前の新入信者
天正13年7月25日付，ルイス＝フロイス書簡により作成

したただ「浦部（主として西国東郡）は異教徒の地である」（天正十三年七月二十五日付、ルイス＝フロイス書簡）とルイス＝フロイスが述べており、この地方は宇佐宮勢力から、信徒は殆んど出なかったもののようである。

義統は同じ天正十二年、豊後においては以後、何人もその意のままに洗礼を受けることは自由であるとの方針に改めた。しかしただ領国の重臣たる右の志賀道輝の孫であり、かつ宗麟の女婿志賀親教の嫡子である親次等四名は例外とすると宣言した。これを聞い

た修道士は、それは全く新規のことであり、もしこれらの人達が洗礼を希望して来た際、教会はこれに授ける義務があり、そのためにはいかなる迫害も意に介しないと述べた。義統はこれに対し、教会が義務遂行のために行うことは阻止しないが、自ら積極的に洗礼を勧めることは止めてほしいと申し入れた。これを聞いた宗麟は、義統の態度を不満として、豊後において教化活動は一層進捗させねばならぬ。これを止める際は、我は領国から立ち去り、再び帰国せぬであろうと述べた（「天正十二年年報」）。

志賀親次受洗

義統憤慨

この翌天正十三年（一五八五）、ついに志賀親次が入信した。これを憤った義統は親次を殺害し、志賀家を滅亡させようと計ったが、宗麟の反対で未遂に終った。これを怒った義統は遂に父宗麟に書信を発し、今はいささかも父の援助は必要としない。父は家督を譲りながら、あまり国事に干渉し過ぎる、と暴言を述べた。宗麟は〝憎まるる者世にはびこる〟との諺があるから、自分は思いの他長命を保ち得るかも知れないなどと、これを冗談に紛らわすのであった（「天正十三年年報」）。

同じ天正十三年豊後に居住するイエズス会会員、すなわち府内のコレジョ（学院）、臼杵のノビシァド（修練院）、及び二ヵ所の駐在所に在る者の人数は三五名であった。このうち宣教師は八名、他はすべて修道士であった。修道士のうちヨーロッパ人は一三名、また残る一四名は日本人であった。単なる信徒のみでなく、修道士すら日本人から出ていたのである。彼らは豊後の教化活動等の進捗に伴い、各地から説教を求められ、これに応じて赴くため多忙を極めた（「天正十三年年報」）。

七　天正少年使節について

巡察使ワリニアーノ来日

布教活動は不十分

わが国への布教状況を調査すべく、巡察使アレキサンドロ＝ワリニアーノが天正七年（一五七九）七月、インドから我が肥前口ノ津（長崎県南高来郡）に上陸し、翌天正八年九月臼杵に赴き宗麟に謁したのであるが、彼の見るところ布教活動は決して満足すべき状態ではなかった。九州の領主等の改宗の理由の多くは、南蛮貿易の利益を狙ったものであり、信徒等の改宗もまたそうした領主等の強制による面も少なくなかった。また日本布教の首長を務めていたカブラルは日本人を嫌悪し、日本の風習を野蛮視し、日本語を学ぶことをしなかった。ところが一方、こうした宣教師等は動物を常食するなどのことがあり、日本人はこれに眉をひそめたりして、両者は必ずしも円滑な関係を保ってはいなかった。

ワリニアーノ、改革に着手

臼杵に修練院

府内に学院

そこでワリニアーノは熟慮の末、大改革に乗り出した。まず日本布教長よりイエズス会の総長宛、毎年報告書を提出する「日本年報」の制を定めた。ついで肥前有馬（長崎県南高来郡）にセミナリヨ（神学校）を開いた他、日本の教区を都（京都から中国地方まで）・豊後・下（しも）（豊後以外の九州）に三分し、数ヵ所にセミナリヨ（神学校）・ノビシャド（修練院）・コレジヨ（学院）の三種の教育機関を設け、西欧人には日本語を、そして日本人には外国語とキリスト教諸学を学習せしめ、日本人司祭の出現による教会発展の資とした。そして外人宣教師に日本の風俗習慣への順応を命じた。しかしこれはカブラルの受容するところとならず、このため彼は辞任し、これに替わりガスパル＝コエリヨが布教長に任ぜられた。

そしてこの線に沿って、まず天正八年（一五八〇）十一月臼杵の丹生島城内にノビシャド（修練院）が開設され、所長に後にも記すペトロ＝ラモンが任ぜられた。そして翌九年正月には府内にコレジヨ（学院）が開学された。こうした体制の立直しは成果を収め、信徒は増大した。

ついで彼は同年三月豊後を発し、オルガンチノの居る畿内に赴き、この方面の布教状況を精力的に査察し、晩年の信長の歓待を受けるなどして十月初豊後に帰った。そして臼杵に建設中の教会の定礎式に出席し、自らこの司祭を務めるなどして同月末豊後を発し、天草を経て十一月末最初上陸した肥前に帰り、大村純忠・有馬晴信らの歓待を受けた。

少年使節の派遣を着想、実行

こうして日本における布教活動の再建に、或る程度の成功を収めたワリニアーノは、この成果を日本の数人の王、或いは貴族を直接ローマ教皇及びポルトガル王の下に遣わして、これを示すことを思い付き、少年使節を派遣することとなった。いうところの「天正少年遣欧使節」がこれである。以下主として、『大日本史料』第十一編別巻之一・二(「天正遣欧使節関係史料」)、デ＝サンデ『天正遣欧使節記』、及び松田毅一氏『天正少年使節』等を参考にしながら、この間の事情を記すこととしたい。ワリニアーノはこの実行の方策について、宗麟及び大村純忠・有馬晴信の三大名に諮り、その計らいの下にセミナリオの生徒の中から、正使伊東マンショ(満所)・千々石ミゲル(弥解留)と副使中浦ジュリアン・原マルチノの計四人を選んだ。この立案と実行は突然のことであったらしい。

少年使節長崎を出発

使節はワリニアーノに伴われて、天正十年(一五八二)正月二十八日、ポルトガル船で長崎を出帆した。時にジュリアン十六歳、他はマンショ以下皆十三歳であった。そして途中、マカオ・マラッカ・コチンを経てゴアに着いた。ところがここでワリニアーノは、ローマのイエズス会総長から現地にインド管区長として留まることを命ずる指令を受け、使節とローマに同行する事を断念せざるを得なくなった。そして代わってヌーノ＝ロドリゲスが一行を伴い赴くこととなった。

フェリペ二世に謁見

こうして一行はこれより喜望峰を廻航して、天正十二年（一五八四）八月十一日ポルトガルの首都リスボンに着いた。さらに十月イスパニアの首都マドリードに赴き、同月十二日イスパニア・ポルトガル両国王フェリペ二世に謁見し、目的の一つを達成した。

当時王は世界の制海権を握り、ヨーロッパを抑えた他、アメリカ・インド・アフリカに植民地を有し、全世界の富と権力を掌握して絶対君主として威を振っていた。

謁見の日、彼らは刀・脇差・足袋・草履・袴というわが国の伝統的な武士の正装をし、王から差向けられた豪華な馬車に乗って王宮に赴いた。国王以下皇太子・内親王等の居並ぶ謁見の間において、まず伊東マンショが、ヨーロッパ風に王の手に接吻の礼を行おうとしたところ、王は手を差しのべず、ひざまずいたマンショを立上らせ、親しく抱擁の挨拶をされた。この破格の礼を他の三名の者にもされたので、一同はこれを非常な光栄とした。続いて王は一行の服装その他について質問をされ、ことにその草履については自ら手に取って興味深そうに眺められた。彼らは王に献上品を差上げ、続いてマンショとミゲルは、宗麟及び大村・有馬両氏の名代として日本語で挨拶し、またその書状を奉呈した。王はその書状を一見され、その書が横書きでなく、縦に書かれていること等に非常に驚かれた。

宗麟の書状には、自分はイエズス会の司祭達から陛下のことや、その統治される諸国のことについて承っているが、航海が容易でなく、また遠隔の地にあるため今まで陛下と交わることが出来なかった。今回ワリニアーノ師が来日され、この機会にローマ教皇陛下に恭順を表し、また陛下に御挨拶を申し上げるため使節を派遣することとなった。自分は甥に当たる日向の伊東ジェロニモを遣わす予定であったが、これに支障が生じたため、その従兄弟に当たる伊東マンショを名代とする。陛下が日本の教会と自分を庇護されんことを御願い申し上げる、との意が記されていた。

フェリペ二世への劇的な謁見ののち、彼らはスペイン領アリカンテより海路イタリアに赴いた。そしてイタリア領リボルノに上陸し、やがてローマに達し、イエズス会本部

ローマ教皇に謁見

に止宿した。時に天正十三年(一五八五)二月二十一日夜のことであって、出発以来すでに三年余り経過していた。そして翌二十二日、ついに宿願のローマ教皇グレゴリオ十三世に謁見した。その謁見はワリニアーノの意図とは別に、国王や皇帝を迎接する帝王の間において、公式の枢機卿会で迎えるという破格の栄誉を賜わった。三大名からの書状を受取られた八十四歳の老教皇は、この遠来の使節を迎えていたく感動され、慈愛に満ちた応待をされた。

新教皇にも謁見

教皇はしかし最初の謁見より旬日にして他界され、代わってシスト五世が新教皇に挙げられた。そこで彼らは新教皇の下に参上し、また前教皇同様の恩寵を受けた。彼らは一般のローマ人から、その容貌についてはやや手厳しい批評を受けたようであるが、その人柄については、謙遜で才智のある者として好意を受け、ローマ市民権を得た。

ローマ市民権を得

彼らはその後、シスト五世より三大名宛の返書を授かり、やがて同年五月六日思い出多いローマを後にし、北イタリアの旅に出、ロレト・ボロニヤ・ヴェネチア・ミラノ・ジェノア等を経て、海路再びスペイン領バルセローナに上陸し、マドリードを経て往路同様ポルトガル領リスボンに至り、これより乗船し、いよいよ帰路についた。そしてや

帰途につく

がて喜峰望を回り、インドのゴアに到達した。時に天正十五年（一五八七）四月二十二日であった。この到着の五日前肥前大村の大村純忠が死去し、さらに翌五月には、後述のように宗麟が津久見に卒去した。そしてさらに越えて六月十九日、秀吉によってかの有名な宣教師追放令が発布され、彼ら使節の帰国後の悲運を暗示するかのようであった。ゴアから再び先のワリニアーノが彼らを伴い日本に向かった。そしてマカオで彼らは初めて宗麟・純忠の死去と、宣教師追放令の公布を知り愕然とした。

宗麟の卒去・宣教師追放令の発布を知り驚く

しかしワリニアーノは、慎重に事態に対処することを考えた。彼はインド副王使節の名目を以て日本に赴くべく、そして使節からは豪華な品々を贈呈することによって、秀吉の心を和らげようとした。そして秀吉の応諾の返事を得て、使節と共に日本への再入国を計った。そして天正十八年（一五九〇）六月二十日、八年五ヵ月の長年月を経て、使節等一行は長崎に帰着した。そして宗麟・純忠亡き後、遣使者として唯一人健在であった有馬晴信の歓迎を受けた。この後彼らは上洛し、聚楽第で秀吉に謁した。しかし彼らは宗麟の子義統や、純忠の子喜前（よしあき）等に会うこともなかった。使節はこれを以て一応の目的を完遂した。

長崎に帰着

哀れな終末

その後禁教下の彼らについては、あまり知られていない。ワリニアーノは文禄元年（一五九二）九月日本を去り、のちマカオに没した。原マルチノも追放され、マカオに没したらしい。主席正使伊東マンショは、のち有馬の神学校の助手であったことが知られる他、詳細は不明である。千々石ミゲルは棄教したらしいが、中浦ジュリアンは、後年長崎で穴づりの刑に処せられ、非業の死を遂げた。

使節の真相

さてこうした遣欧使節について、近時松田毅一氏は「天正遣欧使節の真相」（『史学雑誌』七四―一〇）と題する論文を発表し、ここでワリニアーノによって臼杵の修練院の院長に任ぜられたペトロ＝ラモンが、避難先の肥前生月島（長崎県北松浦郡）からローマのイエズス会総長宛に、天正十五年（一五八七）九月二十四日発した書簡を引用するなどして、この使節の壮挙について独自の見解を出された。これによるとまずラモンは、他の少年のことは確認できぬが、宗麟はその名代たる伊東マンショのことは全く知らず、彼が携行した書状を書かなかった。宗麟はラモンに、「何のためにあの子供達をポルトガルに派遣するのか」と尋ねたので、彼は「彼方へ日本人を見せるため」と答えた。マンショは宗麟の甥ではなく、「親戚のまた親戚」という貧しく哀れな、孤児のような少年である。従

宗麟、伊東マンショを知らず

伊東マンショは虎千代麿か

って日本人の間では無視されているような人物に、教皇等が大いなる尊敬を払ったというのは、ヨーロッパ人が単純で無知ととられる恐れがあり、何故彼らがヨーロッパへ行ったかと思われているがこれは当然である、と厳しく論難しているという。差し当たってその非難はワリニアーノに向けられているが、この両人の関係は元来決して悪くない。また宗麟の書状が偽文書であるという事については、渡辺澄夫氏もその署名及び花押からしてほぼ確認された（同氏『大分県の歴史』一三三ページ）。マンショと宗麟との関係について、ヨーロッパ側の史料からは信ずべきものが得られず、むしろ日本側の史料によって、日向の伊東義祐の子義益に宗麟の孫女阿喜多殿が嫁しており、その義益の妹町上殿と伊東祐青の子の虎千代麿がマンショその人ではないか、と松田氏は推測されている。この人物比定にはなお幾分問題を残すが、当時伊東氏が島津氏に追われ、宗麟の下に亡命していたことは確かであり、こうした悲運の中にあった一族の少年が臼杵の教会に収容され、のち肥前有馬の神学校に送られ、そこに住するうち、ワリニアーノに見出されるに至ったものであろう。従って彼は日向屋形の孫であって血統は悪くなく、貧しい少年ではあるが、いわれるごとき「賤しい身分」の者ではなかったのである。

第六　朝鮮・明との貿易と文化的趣向

一　博多商人と交わる

宗麟の文化的趣向を見るうえで忘れてならぬのは、博多商人との交遊であろう。大友氏が博多を知行したのは、遠く元弘三年（一三三三）八月、大友貞宗が建武政府から鎮西探題追討の功として、同町の息浜を拝領したことに始まる（大友文書）。これ以後大友氏は同所を基軸として、博多の支配を進展させたのである。

『海東諸国紀』

室町期の十五世紀、わが国に来朝した朝鮮の申叔舟（しんしゅくしゅう）が、帰国後著した『海東諸国紀』の中で博多を説明している。それによると当時博多は、大友氏が少弐氏と共に知行している。そして一万戸の戸数のうち、少弐氏が西南四千余戸を、そして大友氏は東北六千余戸を知行している。しかも大友氏は藤原貞成という人物を同地の代官としている。また博多には琉球・南蛮からの船が集まり殷賑を極め、対朝鮮・明貿易の根拠地ともなっているとしている。

戦国期の博多

戦国期の博多について、元亀二年（一五七一）九月のフランシスコ＝カブラルの書簡には、「博多の町には、元一万の人家ありしが、十余年前数人の領主が之に対して戦争をなし、悉く破壊焼却せり。然るに一年前より再び家を建て、今は約三千余戸あり」とある。ここに示す一万戸の戸数は、先の『海東諸国紀』の記すそれと合致しており、ほぼ事実に近いものであろう。

こうした博多の支配について、大内氏が少弐氏を逐うて後は、大友氏もまたむしろ同氏に押されていたとみられるが、天文二十年（一五五一）同氏が滅亡し、またこれより一年前宗麟が治世を開始した頃からは、漸次毛利氏の進出がみられるものの、むしろ大友氏の勢が優位に立っていたものと思われる。

筑紫惟門、博多を襲う

当時博多は府内から陸路五日旅程とされ、右のような事情から、かなり密接な関係にあった。弘治三年（一五五七）には宗麟の庇護の下、博多に宣教師等のための住院と会堂が建設された。しかし永禄二年（一五五九）二月、筑紫惟門が二〇〇〇の兵を以て博多を襲い、大友氏の博多代官を殺害し、市街を破壊した。会堂もまた灰燼に帰した。しかし会堂は永禄四年（一五六一）復興され、再び布教活動も盛んになった。一方宗麟は、先述のように永禄二年（一五五九）六月筑前守護、そして同十一月には九州探題となり、こうした事情を背景に博多支配を進展させた。宗麟が博多の豪商達と交遊を結ぶのは、この頃からのことである。

博多の豪商

当時博多には島井宗室（茂勝）及び神屋宗湛（貞清）らの豪商がいた。神屋氏は宗湛の曾祖父寿貞の時、石見銀山の開発で富をなした。その後中国・朝鮮・南洋諸地域との貿易で一層富を増した。この他同氏は製蠟・冶金術等の面にも貢献した。宗湛はこうした経済力の上に立って、次の宗室と共に博多の財界に重きをなした。茶人としても有名である。一方島井宗室も、宗湛と共に博多の最も代表的豪商で、中国・朝鮮との貿易によって巨利を収めていた。彼は宗湛と同様、茶人としても知られている。

神屋氏との交渉

永禄初期から博多に対する支配を進めていた宗麟が、こうした彼らと交遊を有するに至ったことは、極めて自然の成り行きであった。まず神屋氏とは、すでに宗湛の祖父宗浙の頃には交渉を有したもののようであって、大友三老の一人で筑前志摩郡柑子嶽城主を務めていた臼杵鑑速は、宗浙から「銘物下着」を贈られている。また天文二十四年

（一五五五）閏十月に、宗麟はその一族の神屋亀菊を左衛門尉に任ぜしめている（神屋文書）。恐らく宗麟との主従関係の存在を意味するものといえる。

宗室、豊後に宗麟を訪問

宗麟の蒐集癖

一方島井宗室との交遊は一層詳細に窺うことができる。両者の交友は永禄八年（一五六五）頃から認められるのであり、この間永禄九年（一五六六）正月、及び翌十年（一五六七）六月の二回、宗室は臼杵の宗麟の下に赴いている。宗麟が宗室の対外貿易に、何らかの保護を与えていたことに対し、謝意を表わすための訪問であったかと推察される。これ以外に両者の間は、飛脚によって音信が交わされた。その書簡類をみると、宗麟という人物が好奇心に富み、かつまた蒐集癖が強かったことがよく分かる。たとえば永禄八年（一五六五）二月二日、これより先宗麟の病気見舞として、宗室が段子一端を彼に贈ったことに対し、宗麟は返礼を述べると同時に、新たに宗柏（そうはく）なる者の所有する雪絵を何とか入手出来るよう、その周旋を依頼している（島井文書）。「何とか〱才覚専要に候」との文言に、この絵の獲得に執念を懸けている宗麟の姿がよく分かる。宗麟はこれ以外にも、何かと宗室に無心している。彼が宗室から欲しがったものには、島井家相伝の印籠（印鑑や薬を入れ、帯の間にはさんで持ちあるく小さな箱）も含まれていた。飽くことを知らぬ宗麟の求めに、遂に宗室も手放したようである。

宗麟のこうした性癖を宗室も心得て、彼自ら宗麟に呈したものも少なくなかった。高麗焼の茶碗の他、雪魚・生魚・練酒・牛黄円等々の物を贈っている。宗麟の身辺は、これら蒐集品で豊かなものとなっていたことが推察される。しかしこれらの品々の蒐集に伴う経済的負担も少なくなかったと思われる。宗麟は天正二年(一五七四)、軍資金の名目で銀子一二〇貫の借り入れを宗室に申し込んでいる。宗室はこれにも快く応じ、調達している(島井文書)。このように博多商人との交遊は、宗麟の生涯を誠に豊かに彩るものであった。

二　対朝鮮通交貿易

旺盛な好奇心に満ちた宗麟が、中国・朝鮮との通交貿易に対してもまた熱意を示したことは、彼のありかたからしてむしろ当然というべきものであった。しかしその対外通交貿易は、歴代大友氏の中で独り宗麟のみが行なったものではなく、これ以前からの伝統を継承したものであったということができる。

大友持直、対朝鮮貿易に先弁をつける

まず対朝鮮関係についてみると、大友氏の中で対朝鮮通交貿易を実施した最初の人物は一二代持直であって、その開始は十五世紀前期の永享元年（一四二九）のことである。そしてこれ以降、十六世紀初頭にいわゆる三浦（さんぽ）の乱（朝鮮の乃而浦・富山浦・塩浦の三浦で起きた日本人の暴動事件）勃発直前の永正元年（一五〇四）に至る主として十五世紀中に盛んに実施された事情があり、その後ほとんど杜絶する。宗麟の貿易は、こうした衰勢下にあった時期、僅かな活路を見出して実施したものというべきものであった。

持直以前は倭寇時代

そこでいま宗麟以前におけるこうした大友氏の対朝鮮関係について一瞥を加えておこう。先述の貿易を開始した持直以前の対朝鮮関係は、いわば倭寇時代であった。これはわが鎌倉後期以降、つまり彼の朝鮮にあっては高麗王朝後期ごろより倭寇の侵寇がみられ出し、以後年と共にその規模が増大し、かつまた侵寇地も拡大の一途をたどるのである。李氏朝鮮時代に入ってもこの傾向は進行する一方であり、朝鮮側は有効かつ適切なる処置を欠いて、いたずらに被害をつのらせるばかりであった。「豊後州海辺の諸賊大友殿これを治む」（原漢文）と『世宗実録』（世宗十一年十二月乙亥）にあり、大友氏支配下の人物に

大友氏下の倭寇

あっても倭寇となった者がいる、というのが朝鮮側の認識であった。しかしこうした中

持直、法器を求む

にあって、漸次彼らは統制貿易を実施することによって、経済を一挙に混乱せしめず、かつまた倭寇を鎮めようとする途をとることとなった。そして時あたかも十五世紀初以降、李朝の最盛期を現出した世宗の治世の安定期と重なり、彼我の間に、倭寇に替わる通交貿易時代を迎えるのである。持直の通交は、こうした情勢の中で開始されたのである（外山「十五世紀大友氏の対鮮貿易」『史学研究』九五、以下主としてこの稿による）。

『世宗実録』や『海東諸国紀』等の記すところによると、持直は彼に通交を求めるについて書を発し、「我貴朝に於て敬信を存すと雖も、未だ礼義を通ぜず」（原漢文、『世宗実録』世宗十一年七月甲戌）として表敬の意を有することを記し、ついで自らが博多の要港を統治していることを強調して、自己の権威を朝鮮に認識させようと努めている。そして近々仏寺を建立したい考えであるが未だ「法器」が整わない、このため『大般若経』一部と大鏞（かね）（大鐘）一口を得たいとして持直は土物（土産）を献じた。これに対し彼の礼曹（外交・祭祀・教育等を司る朝鮮側の役所）は返書をしたため、併せてその請を容れて『大般若経』一部と、大鏞の代わりに正布（麻布）一六〇匹（一匹は二反）を回賜したのであった（同前）。持直が通交貿易に進出したことについては、当時競合対立していた周防の大内氏が早くから対朝鮮貿易に進出していた事情があり、これに対する対抗意識から自らも乗り出した面があったと思われる。

大友師能・親繁・田原貞成等進出

こうして以後大友氏は持直を初めとして、持直の子師能、一五代親繁、及びその子大蔵親常、一族の田原貞成等の者が貿易に進出することとなる。そして十五世紀後半成宗期に最も活潑に行われる。朝鮮正史の『李朝実録』にみえるだけでも持直は一〇回、親繁一八回、師能二六回等々の多きに上るのである。

三浦の乱

しかしこの盛況も、先述のように十六世紀初頭の三浦（さんぽ）の乱を契機として、以後貿易は衰退に向かうのである。これ以後の事情について『中宗実録』（中宗二十三年閏十月癸酉）は、「源（大友）政親正徳四年己巳（永正六年、一五〇九）使を遣わし来朝す。（中略）源（大友）親治病みて久しく来朝せず。源（大友）義鑑時に来朝せず。義鑑は即ち今図書（ずしょ）（正式貿易の許可印）を請うものなり」（原漢文）として、一六代政親・一八代親治・二〇代義鑑の各人が、幾分か貿易に従事していたことを記している。しかしこれ以上にこの記事を裏付ける史料を欠いており、遺憾である。しかしこれらの通交貿易を認めたとしても、考慮せねばならぬのは、事実上の貿易権が那辺にあったかという事であろう。もともとこうした貿易が、

貿易権の推移

主として博多商人を媒介として実施されていたものであり、これが十五世紀の後期になると、こうした貿易権が大友氏等の貿易の名義人から、実は使者として朝鮮に赴いて貿易の衝に任じていたこれら博多商人の手に推移しており、大友氏はむしろ名義を彼らから利用されてくるようになるのである。従ってことに十五世紀後期の場合、単に名義が大友氏となっていたとしても、直ちに大友氏がその権を掌握して、貿易の巨利を得ていた等と解することは極めて危険である。

宗麟の対朝鮮貿易

右の事情は宗麟下の対朝鮮貿易についてもほぼ同様である。大友政親以降の者の貿易を、先の史料以外に『李朝実録』で裏付けることが出来ないのは、こうした事情と関係があろう。宗麟の貿易についても、遺憾ながら『李朝実録』にそのことを示す史料を発見することは出来ない。しかし『朝鮮送使国次（くになみ）之書契覚』中の「印冠之跡付」によると、

「印冠之跡付」

(ア)〔元亀三年（一五七二）九月十日〕

一、日本国西海道豊筑守大友修理大夫源朝臣義鎮之御印、石田勝徳丸所持也。上官人
上原助五郎乗（リ）渡（ル）、舟（ハ）大船也。

(イ)〔元亀四年（一五七三）七月五日〕

一、日本国豊筑(守脱カ)大友修理大夫源義鎮ノ御印、吉田美作守殿書也。上官(人脱カ)桟敷原与四郎。

(ウ)〔天正二年(一五七四)三月十八日〕

一、大友殿印、石田勝徳丸所持也。正(マヽ)官人赤木忠衛門。

宗麟の貿易の実態

とみえる。田中健夫氏によると、ここにみえる「印」の所持者はほとんど対馬の住人であり、また上官人とは、貿易者として朝鮮に赴いた者の意であるという(同氏『中世海外交渉史の研究』一九〇ページ)。これによると宗麟は、右のように元亀三年(一五七二)九月、元亀四年(一五七三)七月、及び天正二年(一五七四)三月の三回に亘って通交貿易をしたこととなる。ただしその実権は、対馬の住人とみられる石田勝徳丸や吉田美作守等が掌握し、また上原助五郎・桟敷原与四郎・赤木忠衛門等の人物が朝鮮に赴き、貿易の衝に任じている実情であった。してみると令名高い宗麟の貿易ではあるが、この間において、こと対朝鮮貿易に関する限り、彼の意志がどの程度反映されたか疑問であり、またその利益が如何程のものであったか等について、決してそれほど高く評価すべきものではないと思われる。

なお貿易品については、直接宗麟時代のものについて示す史料を欠いている。そこで持直当時以来のものについて広くみてみると、輸出品については、殆んど単に「土物を献ず」「土宜を献ず」（原漢文）等とあるのみで内容は不明である。

一方輸入品については先述のように、持直が『大般若経』一部・正布（麻布）一六〇匹を得た他、永享四年（一四三二）に同様持直が、白細綿紬苧布（はくさいめんちうちょ）各五匹、雑彩花席（種々の模様の画かれたむしろ）十張、豹皮一領・虎皮一領を得たことが判明する（『世宗実録』世宗十四年七月壬午）。また実現はしなかったが成宗が文明九年（一四七七）、将軍足利義政以下斯波・畠山・京極・大内・山名・少弐各氏等と共に、大友親繁に白細綿紬苧布各五匹、雑彩花席十張を贈る用意をしたことが分かる（『成宗実録』成宗八年正月丁未）。これらによってみると、輸入品には食糧・武器等のような、軍事的・経済的意味を有するものは認められず、むしろいわゆる奢侈品の類に属するものであったとみられる。恐らく宗麟の場合においてもこうした傾向に大差はなく、彼の異国趣味を僅かに満足させる程度のものであったのではあるまいか。

三　対明通交貿易

一方対明公貿易は室町幕府が管掌し、勘合符の照合によるいわゆる勘合貿易が行われ

『蔭涼軒日録』

たことは周知の通りである。これに関する大友氏の参加について示すものとしては、『蔭涼軒日録』(文明十九年五月十九日条)によると将軍足利義政治世下の宝徳三年(一四五一)、次のような船団が編成され、このうちの一つとして明に赴いたことがみえる。

一号船天龍寺　二号船伊勢国法楽社
三号船天龍寺　四号船九州探題
五号船九州志摩津唐未渡　六号船同大友
七号船同大内　八号船大和州多武峰
九号船天龍寺枝船　十号船法楽社枝船

これによると大友氏は、他の大内・島津氏等と共に特に六号船として加わり、赴いていることが分かる。わが国からの中国向けの当時の一般的な輸出品は、日本刀・銅・硫黄・扇子・漆器等であったが、特に大友氏の場合、火薬の原料である硫黄が輸出品目となっていることが指摘される。なおこの時の貿易者が、大友氏のうち誰であったか問題であるが、対朝鮮貿易への進出などからしても、当時の家督である大友親繁であった可能性が最も強い。

右のものは正規の勘合貿易の形式に則したものであるが、のち漸次西国の大名等の遣わす使船が見られるようになる。小葉田淳氏（同氏『中世日支通交貿易史の研究』四五〇ページ）によると、これは朝貢船たる遣明船から、純然たる貿易船である商船への中間的性格のものというべきものであった。以下主として右の小葉田氏の研究に依拠しながら、通交貿易をみてみたい。それによると右の使船も、一応は将軍から勘合符を得る形式をとってはいるが、幕府の遣明船とは異なり、「十年一貢」の約定に関係なく恣意に赴いたため、必ずしも先方の応ずるところとはならなかった。たとえば『日本一鑑』や『哨報夷船事』等によると、大友義鑑は府内大智寺の塔頭（大寺の中の小寺）松月庵の僧清梁を使として、天文十五年（嘉靖二十五・一五四六）に使船を遣わしている。この際義鑑は一応勘合符を帯せしめているが、公式書状は所有せず、こうしたことから、交易の時期でないとして拒否され、貿易の目的を達することができなかったという。

大友義鑑、僧清梁を遣わす

日明関係は天文十八年（一五四九）以後国交断絶し、このため遣明船も消滅する。以後再び倭寇が跳梁することとなる。そこで倭寇対策の観点から、わが国情を探るための遣使が行われることとなった。こうして浙江総督揚宣の計画で、明廷から鄭舜功なる者が来朝

天文十八年遣明船廃止

鄭舜功来朝

することとなった。彼は弘治元年（嘉靖三十四・一五五五）四月広東を出発し、琉球を経て豊後に来り、翌年秋まで滞在した。

宗麟、僧清授らを遣わす

当時いうまでもなく豊後は宗麟の治世下である。何故特に豊後を選んでこれに赴き来ることとなったのか、その理由は明らかではないが、倭寇根拠地探索の便宜と共に、宗麟の包容力に富んだ人柄が、明使にとって受容され易いと判断されたためであろう。彼は臼杵に赴き、海蔵寺の塔頭龍宝庵に宿した（『日本一鑑』）。この海沿の地で倭寇の根拠地を確認したかったのであろう。彼は宗麟に謁し禁寇を願ったとみられる。彼はさらに同地より従事官沈孟綱・胡福寧の両人を幕府に遣わし、禁賊を議せしめた。こうして彼はほぼその来日の目的を達し、弘治二年（一五五六）秋帰国した。この際宗麟は佐伯龍護寺の僧清授、及び野津院到明寺の僧清超の両人をそれぞれ正・副使としてこれに同行させて、禁賊の請を受け入れ、これを実行する意を明廷に告げしめた。しかし一行は琉球を経て広東に到り、これより清授は舜功と別れて潮州（広東省）の海上にあるうち、弓兵のため書状を没収されたうえ下獄するに至った。舜功は人をしてその救出に当たらせたが、彼もまた捕えられることとなった。清授はみだりに典例を引いて誤るところがあったとして、さらに四川省茂州の治平寺に流され、三年以上に及んだ（同前）。その後の消息は不明である。それは当時舜功遣使の立案者であった揚宣がすでに官を退いて、彼を弁護する者がいなかったということもある。しかしそれよりも、何事につけ万事積極的な宗麟の政策が、ここでも独自の通交を展開することとなったわけであるが、このことは従前通りの遣明船のみを正式なものとして考えようとする明側からは、まことに不正なる通交貿易者として受けとめられたものである。清授はこの間における哀れむべき犠牲者といわねばならない。

蔣洲来朝

次に明では鄭舜功と同じ弘治元年（一五五五）、これとは別に浙江巡撫使胡宗憲は、わが肥前五島に根拠を置く海賊の首領王直への宣撫と、九州諸侯へ禁寇を願わしめるべく、蔣洲をわが国へ遣わした。彼は同年十月定海を発し、十一月五島に来て王直と会見し、ついで博多を経てこれまた豊後に来た。そして宗麟の下に留まり、二年後の弘治三年（一五五七）

宗麟、僧徳陽を遣わす

帰国した。その帰国に際し宗麟は、先の鄭舜功帰国の際清授を同行せしめたと同様僧徳陽を使者とし、通事（通訳）として呉四郎を伴わしめ遣わした。蔣洲の帰国に際し、宗麟の遣使に接した明国側は、日本の一地方領主たる宗麟が、中国の年号を以て進奏の表を用うるのは不恭の罪に当たり、貢に名を仮りて買貨を目的とするものであって当然退けるべく、殊に金印勘合の請求は非礼もはなはだしい。ただ宗麟は使を館する礼を尽し、衆夷の侵を禁じて、しかも或る程度成果を挙げており、この功は掩うべからざるものがあるとした。そして徳陽等を石牛港（福建省）に泊住させ、ただ当然生活に必要な薪米魚菜を給与し、彼には一切の買売・交遊を禁じ、総督から明廷に奏請し、その命下るの日に至って宗麟に金帛類を賞給し、徳陽等には花紅・米酒を賜与しようなどと決した。結局徳陽等は舟山（浙江省定海県）の馬墓港に泊し、道隆観に館することとなった。

宗麟、僧妙善を遣わす

こうした弘治三年（一五五七）十月、王直の一行が船四隻を以て舟山の岑港に到着した。王直は先に蔣洲が行なった帰順工作によって、五島から帰国したものであるが、この際宗麟は、また僧妙善なる者を使としてこれに随行派遣した。よって妙善は、ここで偶然徳陽に出会うこととなった。明においては平倭の実を挙げるべく、水軍を以て王直を警戒すると共に、副総兵盧鏜は妙善を招き、若し王直を縛して渡すならば交易を開くであろうと誘った。妙善はこれを聞くや道隆観に至り、徳陽にこれを告げた。しかし徳陽は、若しその言に従うときは自ら死を求むるに等しいとして、通事呉四郎を通判呉成器のところに赴かせ、館を変更せられるよう請わせたが聴かれなかった。そこでまた呉四郎をして都司張四維に交渉させたが、四維は呉四郎を殺害したので、徳陽はまた自らにも害の及ぶのを恐れ、永禄元年（一五五八）二月妙善に従い自ら財貨を焚き、岑港に走り、妙善等の館に入った。やがて胡宗憲より招きを受けたが、両人は謀られて危害を加えられることを恐れてこれに応ぜず、遂に一同逃げ去ってしまった（『皇明実録』『日本一鑑』、その他）。宗麟の対明通交貿易は、またしてもここに失敗に帰したのであった。

以上のように宗麟は対明貿易に期待するところ大きく、その意欲はまことに積極的であった。しかし明の国情を必ずしも十分に理解せず、結局その目的は十分には達成できなかったものとみられる。

四　芸能

後述するように、大友氏にあってはすでに鎌倉末、万寿寺を創建して禅宗の豊後弘布の基礎が据えられ、貞宗のごときは当時一流の名僧と交遊し、彼らを豊後に請住せしめるなどのことがあった。室町期においては応仁の乱当時、かの画聖とされた雪舟等揚の

宗麟、諸芸を習得理解せんとす

中央より貴顕来遊

豊後への来住がみられる（『天開図画楼記』）などのことがあり、一方先述のように博多を媒介として、対朝鮮・明通交貿易を行なって、大陸文化との接触もあったわけである。

こうした伝統的な文化的雰囲気の中で成人した宗麟は、大友氏の領国支配の全盛時代を現出したその基礎の上に立って、歴代領国主のうち、他に類例をみない著しい文化への接近を示した。それは単なる文化の保護者というに止まらず、進んで自ら諸芸を習得し理解しようとする域に進んだものであった。この間こうした彼は、中央貴族・文化人等との交遊も頻りに求め、その来豊を促している。『薩藩旧記』所収の元亀二年（一五七一）五月二十一日付宗因書状に、

一、今度豊後に到り久我様御下向候。紫野和堂様、薬師牧庵、狩野源四郎、民部子にて候。後藤源四郎、三郎四郎子にて候。名人揃え下り申し候。土佐まで御供申し候。
（原仮名混り漢文）

とある。ここに久我殿とあるのは前右大将久我晴通入道宗入のことである。宗入の豊後下向は表向き遊覧であったが、実は豊芸（大友・毛利両氏）和睦の儀を達成せしめるための政治的目的を帯びたものであった。他に貴族との交わりについては、土佐に亡命してい

た宗麟の甥である一条兼定に、女を嫁せしめた等にも例がある。彼の趣向の一端を窺わせる。また紫野和堂とは、いうまでもなく京都大徳寺の怡雲宗悦を指す。彼の下向については他にも述べた。

牧庵とは吉田牧庵で医師である。病弱の宗麟には不可欠のものであったと思われる。狩野源四郎とは狩野永徳。江戸時代のいわゆる狩野派の画道の基礎を築いた人物。『大友興廃記』にはこの永徳に関して、「大友宗麟公うすき丹生の島御作事改替られ、出来ののち、洛陽の能画師狩野永徳法印、いまだ源四郎といふとき、兄弟ともにめしくだし、御座敷の絵おほせつけらるる」とある。一流画家によって、臼杵丹生島城の襖絵を描かせたものであろう。高雅なものに惹かれる彼の心情がそうさせたものと思われる。なお

宗麟、絵画を蒐集

彼は絵にも相当深い関心を寄せていたらしい。同じく『大友興廃記』によると、「宗麟御所持之茶湯道具并絵讃之名物之事」として、後述する茶湯道具と並んで、次のような絵画を有したという。恐らく信憑するに足るものと思われる。その記すところは、

一、漁夫之絵。牧溪(もくけい)自画自讃。

(夫カ)

右父漁父之讃。

天水不波金鱗自若。

挙起絲綸負命者着。

一、青楓之絵。玉磵（ぎょくかん）自画自讃。
可期無定雨悠々。昏底黄砂日夜流。

望断暮雲残照外。青楓吹落海門秋。

青楓の絵の名、黄昏とも云ふ。小児の手にて押付けたる如くにして七葉なり。絵の姿確かならず。暮に物を見るが如くなり。故に黄昏と号す。


（中略）

一、仁斎（じんさい）。梅竹の絵。玉磵（ぎょくかん）の甥なり。
一、印陀羅。天竺梵僧。
一、釈迦三幅。一対服。白象。黒龍。
一、舜挙（しゅんけい）。花鳥自讃。
一、雪磵（せっかん）。長文珠。
一、虚堂（きどう）墨跡。前は田北九郎所持。

一、恵崇。山水墨絵。

（中略）

一、顔輝。達磨。脇龍虎。

一、恕斎。松竹梅。うす彩。

一、亀石滝水之硯。硯の池の上の石に亀あり。水を入置は墨をすり、水少きに随て、亀水を吐ば岩を伝ひ流るる事如二滝水一なり。

右は最上一の名物、此外略レ之。

とある。牧溪自画自讃の漁夫之絵、玉礀自画自讃の青楓之絵を初めとして、仁斎・舜挙・雪礀・恵崇・顔輝・恕斎等の画く名画の他、虚堂の書、妙味ある細工を施した硯等をも所有したという。画題も右のように、漁夫・青楓・松竹梅・山水・花鳥・達磨等々と、実に多岐に亘るものであった。これらのコレクションに囲まれた彼の身辺は、まことに文化の香り高いものであったと想像される。なお虚堂の書は、家臣田北九郎から呈せしめたものであったらしい。こうした宗麟の文化的趣向は家臣もまた倣うところとなった。たとえば吉弘嘉兵衛は、雪之絵・郭熈の山水画・老融の墨絵の牛等を、また臼杵

家臣からも徴す

紹冊は、北宋末の文人皇帝である徽宗の描いた鶉の絵等を所有したという。宗麟を中心として文化的サロンさえ形成されていたことが分かる。

この他宗麟は、蹴鞠について大いに興味を示している。蹴鞠は諸芸の中でも、最も貴族的な遊技の一つである。これは宗麟以前からも、歴代の大友氏は飛鳥井氏を師範として習得していた。宗麟もまたこの伝統に従い、幼時より飛鳥井雅綱について伝授習得を受けた。そしてまた嫡子義統にも、同雅教について習得せしめている（大友文書）。将軍義輝も宗麟が蹴鞠の数奇者であることを雅綱から聞き及んで、蹴鞠の際着用する「香之上」と称する服を彼に贈るなどのことをしている（同前）。宗麟の貴族趣味を示すものであろう。

能については、これもまた惹かれるところであった。そして、京都から将軍の周旋によって観世大夫を招聘したりしていることが分かる。そしてその豊後滞在費を支弁するため、この費用を領国中に課しており、筑後の蒲池十郎にもその調達を命じている（蒲池文書、口絵参照）。なお彼は大坂城に秀吉を訪ねた際も、居合わせた観世又三郎等の能衆に着目している。

義鑑、観能に興ず

しかしこの能もまた、宗麟以前から大友氏を初め小領主の間でも行われていた。たとえば天文十六年（一五四七）、先述のように筑後鷹尾の田尻親種父子が義鑑治世下の府内に、家督相続を認可されたことに対する礼に赴いた際、義鑑はその接待の一つとして彼らに観能を許している。この際の能は五節・熊坂・薄雲・守久・燕子花の順に舞が行われた。そしてこのとき能衆としては、春藤仁三郎・松光又二郎・大鼓五左衛門他六名の者が居たことが知られる。招かれた田尻氏自身もまた能の心得があったとみえ、この際親種の子鑑種が燕子花の大鼓を打つことをかって出た。義鑑はこれを賞し、自ら酌をして彼に酒を進めたという（田尻家文書）。

犬追物

この他武芸に類するものとして犬追物を行なっている。犬追物については、これもすでに宗麟の祖父義長の代から行なっていることが分かる。義長が年寄等と共にこれを楽しんでいることが知られるが（大友文書）、このことはこの両者の関係が、従来より安定して来たことを示すものということが出来る。そして義鑑、及び宗麟に引継がれた。宗麟自身も或る程度これに打込んだことは、同じく先の田尻親種が参府した際、彼が宗麟の犬追物に興ずるのを見物したことを記しており、明らかである。

鷹狩

宗麟はまた、鷹狩その他の狩猟をも行なっている。このため領国内の数ヵ所に待屋を設け、また先述のようにこれを統轄する待屋奉行の他、さらに勢子(せこ)を統轄する勢子奉行、検見・喚引・犬かけ等の諸役の者の存在がみられた。

茶湯道具を蒐集

宗麟はまた茶道にも関心を示した。先述の『大友興廃記』によれば、宗麟はさらに次のような茶湯道具を収蔵していたという。

一、似たり茄子。
一、二見、たらひの水さし。
一、志賀、葉茶壺。
一、肩衝(かたつき)、前は新田。
一、花真壺。
一、せいからの壺。
一、肩衝有明。前は毛利兵部少輔所持。
一、瓢箪茶入。前は臼杵越中守所持。
一、珠光茶碗。

（中略）

一、驢蹄（ろてい）茶入。

一、小肩衝。

一、肩衝。前は渡辺妙通所持。

（中略）

一、合子（ごうす）。前は坂東屋宗椿所持。

一、東（棗カ）之肩衝。前は硫黄屋所持。

（下略）

茶壺、志賀

とある。これが事実であれば、誠に多くの茶壺・茶入・茶碗・水差・合子（ごうす）等を愛蔵していたこととなる。このうち志賀と称する茶壺は天正十四年（一五八六）、宗麟が秀吉に救援を求めるに際し彼に贈った。よって秀吉は宗麟の大坂城見物の際、「四十石」と共に秘蔵する旨彼に述べたことはあとに述べる。なおまたこれによると、これらの品には先の絵画におけると同様、毛利兵部・臼杵越守中鑑速等の家臣の他、坂東屋宗椿・硫黄屋と称する商人等から呈せしめたものが相当含まれていることが分かる。すでに述べた博多の豪商で、かつ茶人であった島井宗室との交遊において、宗麟が種々の品を彼から無心したことなどよりして、大いにあり得ることである。彼には一種の強いコレクション＝マニアの感すら認められる。

教養主義

すでに新大友義長条々に、「諸芸は得たる事に騒ぎ、叶はざるを捨つる事、これ然る可からざる事」(原漢文)とあることは別に述べた通りで、以来大友氏では、一応総花的に諸芸万般に通ずべきであるとする、教養主義が流れていた。宗麟は正にこうした父祖の遺訓に忠実に従っていたともいえよう。ただし詩歌・管絃については、見るべきものが伝えられていないのは遺憾である。

別号

なおこうした宗麟の文化的趣向をみる上で、一言加えておかねばならぬのはその別号である。法名として一般に最もよく知られている宗麟が、永禄五年(一五六二)六月末ないし七月初入道してから用いたものであることは先に触れたが、これ以外にもさらに多くの別号を有している。すなわち宗滴・休庵・円斎・玄斎・三玄斎・三非斎・玄非斎等々の他、キリスト教徒としてフランシスコと称したことも先述の通りであるが、これによって府蘭とも号し、また教名に漢音を充てて府蘭獅子・普蘭師司怙などとも記したりした。

また更に秀吉の下に救援を求めに大坂に赴く際、特に天徳寺と号している。これらはその用いた花押が多様であることとも併せて、彼の多趣味を示すと共に、内面心理の動揺の著しかったことを物語るものであろう。

五　神仏への信仰

次に神仏の信仰についてみてみよう。すでに多くの紙面を費して述べたように、宗麟は家督を嗣いだ翌天文二十年（一五五一）ザビエルに会って以来、漸次キリスト教に惹かれて天正六年（一五七八）受洗し、キリシタンとしてその生涯を終えた。しかし彼は、いうまでもなく本来臨済宗を奉じた仏教徒であり、傍ら八幡神をも信仰した人物であった。そこでいまキリスト教信仰の問題は繰り返すことはせず、まず宗麟の背景をなす歴代大友氏の神仏崇敬の事情を眺め、次いで宗麟の信仰に及ぶこととしたい。

まず初期の大友氏について、直接信仰に絡む史料は決して恵まれたものではない。しかし鶴岡八幡宮を篤く崇敬した頼朝に近侍していた御家人の大友氏が、同様に八幡信仰に傾いたことは容易に想像することができる。

宇佐宮に接近せず

柞原八幡宮

大友氏の氏神柞原八幡宮（大分市上八幡）

しかし豊後移住当時の大友氏は、直ちに全国の八幡の総本社である隣国豊前の宇佐八幡宮に接近することはしなかった。何故なら宇佐宮は、かつてその大宮司宇佐公通が平家と極めて親密であり（『平家物語』、その他）、従って鎌倉幕府とは決して円滑な関係になかったからである。むしろ大友氏は初期の所領である豊後大野庄の鎮守深山八幡や、府内に近い大分郡（大分市八幡区）の柞原（由原）八幡等に接近し、これを崇敬社とした。ことに後者は豊後一宮として勢力があり、かつ国司とも緊密であった（外山「豊後一宮柞原八幡宮に関する二・三の考察」『大分県地方史』二三）。鎌倉後期以降大友氏は、特に後者に対する崇敬を深め、やがて南北朝期ごろからはこれをさらに氏神とするに至り、戦国期に及んだ。

一方仏教についてみると、初期の大友氏は恐らく天台、ないし真言の密教に接近していたと思われる。その後元寇の頃三代頼泰が、豊後に回遊して来た一遍に帰依して、熱心な時宗門徒となったこと（『一遍上人絵詞』『一遍上人年譜略』）はあまりにも有名である。

大友頼泰、時宗門徒となる

こうした大友氏が禅宗に転ずるのは、五代貞親からである。たまたま鎌倉にあった貞親が、或る時執権北条貞時に謁した。折しも貞時は貞親に向かい、かつて寺院を建立し、僧侶を安んじたことがあるか否かを問うた。これに対し、いまだかつてその経験を有しない貞親は内心大いに窮したが、事実を答えれば貞時から軽蔑されるとみて偽り、小寺を造り、一〇〇人の僧をこれに擁していると答えた。ところがこれを真に受けた貞時及び同座の者は、この話に感嘆したという。この一件ののち、貞親は急遽豊後に帰り、翌徳治元年（一三〇六）博多承天寺の直翁を招き、彼を開山として府内に一寺を造ったが、これは程なく一〇〇人の僧を擁するに至った（直翁和尚塔銘）。これが豊後最初の禅刹（臨済）万寿寺に他ならない。豊後における禅宗は、実にこのことによって弘布の足掛りが得られたのである。

大友貞親、万寿寺を創建

万寿寺（大分市金池町）

このように、豊後における禅宗発展の契機は豊後守護としての貞親によって与えられたものであり、しかもそれは貞親自身の純粋な発意に基づくものではなく、執権北条貞時の刺激によって、半ば他動的になされたというべきである。こうした万寿寺創建の事情からしても、貞親は禅宗の信徒というより、むしろその保護者たろうと志向したものといわねばならない。ともかくこれ以後大友氏は、宗麟に至るまで一貫して臨済禅に没入した。

ではなぜ大友氏はこの時期、禅宗に帰依したのであろうか。ここで考えられるのは、同氏は豊後移住土着以来、守護職を基礎に封建領主化に成功し、為政者としての意識を高めて来てい

大友貞宗、禅宗の保護者となる

たわけである。こうした大友氏にとって、鎌倉仏教諸派のうち最も中国的で、しかもその厳しい宗教性と共に儒教などの文化的要素を含む禅宗においてこそ、最もその意にかなったものであったと思われる（河合正治氏『中世武家社会の研究』一四二ページ）。そしてこうした心情は、そのまま宗麟のそれに通ずるものであったとみられる。

貞親に次いで鎌倉末、第六代の家督を嗣いだ貞宗は、父以上に熱心な禅宗の保護者であり、かつ理解者であった。彼は貞親以上に、当時盛んに五山の名僧や、中国からの渡来僧との接触を求めた。その最初は名僧中巌円月（ちゅうがんえんげつ）に対してなされた。貞宗は正中元年（一三二四）彼に会い、豊後への下向を請うて、これに成功した（『中岩和尚自暦譜』）。さらに貞宗は、京都法観寺の闡提正具（せんていしょうぐ）をも万寿寺に請住（せいじゅう）せしめた。貞宗はのち博多に顕孝寺を建立したが、この際彼を開山とした。

この一方、貞宗は求めて中国よりの渡来僧を招いた。先の博多顕孝寺の建立も、中国禅吸収の窓口であったといえる（玉村竹二氏『五山文学』）。こうして清拙正澄（せいせつせいちょう）（清拙大鑑禅師塔銘）・明極楚俊（みんきそしゅん）（明極楚俊大和尚塔銘）・竺仙梵僊（じくせんぼんせん）（『竺仙和尚行道記』）等とも交遊をなすに至ったのである。

万寿寺、十刹の一つとなる

室町期に入ると、周知のように将軍足利氏がまた臨済禅に接近したが、同じく大友氏もまた引続きこれに帰依した。万寿寺は京都東福寺の末寺になると共に、十刹の一つに加えられるに至り（今枝愛真氏『禅宗の歴史』八二ページ）、その住持は室町将軍の補任するところとなった（前田家所蔵文書）。万寿寺がこの頃大友氏の菩提寺となったのは自然の勢であった。そしてまた先代同様、日中の名僧が来住することとなったため、同寺は豊後における学術・文化の中心殿堂たるの観を呈した。

寺社の衰退の目立つ中で、文明十二年（一四八〇）当時、なお同寺は、「住僧百余人ノ在所ニテ、諸堂周備富貴寺也」（『宣胤卿記』）といわれた。宗麟の曾祖父にあたる親治も、守護領国制が渋滞し、財政不足に苦慮した際にも、依然同寺よりの諸点役のみは免除することとし（志賀文書）、その外護を怠ることはなかった。

領国守護神柞原八幡宮

一方氏神とする柞原八幡宮に対し大友氏は、室町期以降社家奉行（社家申次）を設け、これを崇敬することとしているが、漸次領国制の進展と共に、単なる大友氏のみの氏神ではなく、「天下泰平、国家安全」（柞原八幡宮文書）を願ういわば「領国守護神」へと、その性格が変貌発展することとなる。それと共に同宮の大宮司には、賀来氏等という家臣

怡雲を請住せしむ

を任ずるに至るのである。またこれと共に、柞原八幡宮を「豊東」の惣社とするのに対し、日田郡の大原八幡宮を「豊西」の惣社として、両者共に領国の守護神とするなどのことを行なっている（外山「大友氏の八幡信仰」『神道学』四七）。

宗麟はこうした伝統の上に立って、柞原八幡の崇敬と共に、万寿寺を通じて臨済禅に接近し、禅学を修めた。中央へ目を向けていた宗麟は領国整備と共に、京都紫野大徳寺に塔頭の一つ瑞峰院を建立した。そしてやがて臼杵に丹生島城を構えるのと相前後して、この町の一角に寿林寺を建立した。そしてこれに、先述のように大徳寺瑞峰院から学僧としても高名な怡雲宗悦を請住せしめ、彼について一層禅学を深めようとした。寿林寺の建立について、『豊鐘善鳴録』は弘治三年（一五五七）とし、『大友家文書録』は永禄六年（一五六三）頃とするが、宣教師ジョアン＝パウチスタの報には、元亀二年（一五七一）九月当時なお建築中とあって一致しない。彼が次男親家を出家入寺させようとしたのもこの寺であった。しかしその宗麟は、一方においてキリスト教にも接近しており、平明にしてかつ実際的なキリスト教の教理に対し、徒らに深遠難解な禅学は彼の好むところとならなかった。そして遂に禅学を放棄し、キリスト教に入信したのである。怡雲は憤慨し帰洛を申し出たが、義統の取りなしで辛うじて豊後に空しく滞在したことは先に述べた。しかし怡雲をなだめた義統も、領国支配の動揺する中にあって万寿寺に放火し、廃寺としてその莫大な寺領を家臣に分給しようとしたこと、一方宗麟もまた豊前宇佐宮に放火してこれを灰燼に帰せしめ、さらにこれより先親家も、受洗後寺院数ヵ所を破却したことはこれもすでに述べた通りである。

大友氏の神仏への崇敬も、キリスト教への接近とうらはらに衰え、荒廃したといわねばならない。その復興は、秀吉の至上権力によるキリスト教弾圧の過程で行われ、徐々に息を吹き返すに至るのである。

六　発給文書その他

田北学氏の大友氏関係文書の蒐集

大友氏関係文書は、大分高等商業学校（現大分大学経済学部）教授故田北学氏によって、昭和の初期から同二十年頃にかけて収集が行われた。私は同氏の知遇を得ていたが、氏によると、たまたま田北家の家系を調査していたところ、これが大友家の分家であることを知り、以後田北氏を含め大友氏全般の研究を志し、その史料収集の道に踏み込まれたものであるという。その成果はまず宗麟・義統を中心とする戦国期を主として『大友史料』第一輯・第二輯（昭和十二・十三年刊）として刊行をみた。ついで鎌倉・南北朝期を中心として、『編年大友史料・正和以前』『同・自正和二年至正平六年』（同十七・二十一年刊）として刊行をみた。ついで氏は室町期を中心に史料刊行の準備を進めるうち、出版社が戦災で壊滅したため一時刊行を留保しておられたが、その後この残された部分を『続大友史料』（全六巻・昭和三十年～同三十二年刊）・『続編年大友史料』（全一〇巻・昭和三十一年～同三十四年刊）として刊行された。

晩年の田北学氏

『大分県史料』

一方、大分県ではこれとは別途に、大分大学の渡辺澄夫氏やその他に委嘱して、大分県史料刊行会を組織し、『大分県史料』（全二五巻・昭和二十六年～同三十九年刊。なお他に大分県教育委員会の編纂による同二六巻が、大分県中世文書研究会の手によって昭和四十九年三月に刊行された。）を刊行した。これには宇佐八幡宮関係文書や近世文書もあるが、大友氏関係文書も含まれていることはいうまでもない。

その後田北氏は、更に以後発見入手した史料を含め、昭和三十七年より『増補訂正編年大友史料』の刊行に着手された。しかし氏は昭和四十一年、このうち二三巻刊行の後病没され、その残りを遺志を継がれたユキ未亡人によって刊行が継続され、ついに三三巻及び別巻上下が刊行され、完結した。

『大分県史料』と田北学氏の諸編纂の史料集を比較すると、互いに一長一短がある。前者が各家ごとに史料を集めたいわゆる家わけの形式によっているのに対し、後者は編年体の編纂方式をとっている。また古く田北氏が収集された当時存在し収録された文書で、その後大分県史料刊行会の採集した時点ではすでに湮滅して、これに収録されていないものもある。しかし一方逆に後者の時点で新たに発見収録されたものもある。この点『大分県史料』刊行後に編纂刊行された『増補訂正編年大友史料』は、この『大分県史料』に新たに発見収録された史料も併せ収録しており、その意味でより包括的であるといえよう。

さてそこでこの『増補訂正編年大友史料』によって、伝来する宗麟の発給文書を検すると、その数実に一〇〇〇点以上に上る。この数は歴代大友氏家督中義統と共に最も多く、また他の戦国大名に比しても、最も多い部類に属することはまず疑いあるまい。その文書発給は一日に数十通に上ることもあった。たとえば元亀元年（一五七〇）三月二日、豊筑をめぐる毛利氏との抗争に勝利を収めた宗麟は、この日一日中に、この際軍労した家臣三五名に各一通、計三五通の知行預置状を発給している。勿論執筆は右筆の手になるものであるが、これらによっても、彼の日常は相当多忙なものであったことが想像される。

宗麟発給文書の内訳

　こうした大友宗麟文書のうち、最も多いのはいわゆる書状であって、全体のおよそ三分の一程度の三五〇通近い数を占める。次いで家臣の勲功を賞する感状が約二〇〇通でこれにつぎ、次いで所領安堵及び宛行（預置）状が合わせて一五〇通程度である。この他、官途・加冠・受領・名字等の書出、年賀答礼・免許・寄進・八朔賀・年賀・偏諱授与、その他の諸状が僅かずつみられる。

ローマ教皇・ポルトガル王・イエズス会総長等に発行す

　その発給先は領内家臣に宛てたものが最も多いが、この他将軍足利氏や秀吉、他大名に及ぶ他、国外ではローマ教皇・ポルトガル王・イエズス会総長等の多岐に亘り、彼の活動範囲の広さを示している。

しかしこのうち宗麟の自筆状となると極めて少ない。「新大友義長条々」にも先述のように、自筆状は軽卒に書くべきでないと謳っており、先述のように、殆んど右筆によ

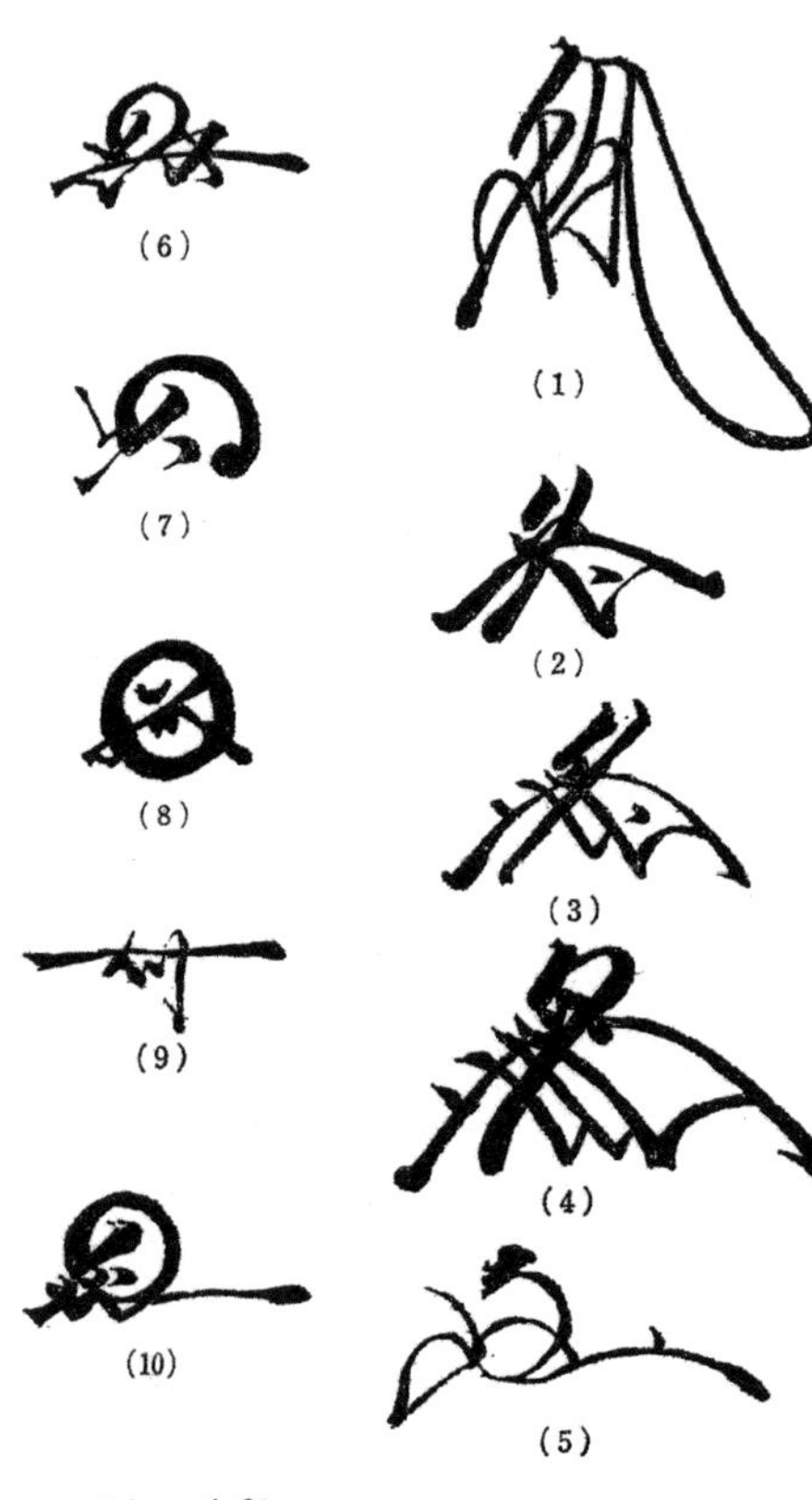

麟の花押と朱印

大友宗

花押は右の(1)~(10)に至る一〇種があり、年代を追って番号の順に変更している。(1)は家督以前の天文十六年~十八年頃、(2)~(5)は家督を嗣いだ天文十九年二月より、永禄五年六月頃までのもの。(6)~(10)は永禄五年六月末ないし七月初、入道宗麟と号してより、天正十五年五月の卒去に至るまで用いたもの。(5)・(7)・(9)がそれぞれ比較的長く用いられた。入道してから著しく小型のものに変化していることが分かる。

なお朱印三個のうち上二個はそれぞれ天正三年・同六年頃用いた別号三非斎の非を表わしたもの。下は教名フランシスコのＦＲＣＯを表わしたもので、天正七－八年頃用いた。

って執筆され、自らは慣例に従って日付及び花押を加えるのみであった。

自筆状を思わせるものには、天正十二年(一五八四)十一月七日、彼がローマ教皇に宛てて発したものがある(口絵参照)。

（前欠）
露命の内に是を申叶へ、常住拝顔致に於ては存残す事なく、しめあんと共に今ははや、我眼即笑を得奉る上者、無事にさしゆるし給へと言上すへき外、別になき□（所）也。□（此）等之旨御披露奉ㇾ仰候。恐惶謹言。

天正十二年

十一月七日　　　　普蘭師司怗（花押）

是寿貴理師度之御代官恵誨礼闍之御司

むは様　奉上

（『大日本史料』十一、別巻一）

自筆状殆んどみられず

とある。遺憾ながら前半部が欠けているが、宛書にみえる「はは様」とはパパ様、つまりローマ教皇に他ならない。内容からして恐らくは宗麟の自筆状であろうとも想像されるが決定的なことはいえない。従って今日宗麟の自筆状と断定しうるものは、まず殆んど存在しないといわざるを得ない。

宗麟の花押・印章

宗麟の発給文書に関連して、彼の花押・印章について一言しておかねばならない。先に彼が多くの別号を用いたことを述べたが、花押もまた実に多様のものを用いた。渡辺澄夫氏はこれを分類して一〇種とされた（同「大友宗麟のヤソ会総長宛て書状の真偽について」『大分県地方史』六二）。その花押は、初期の一字体ないし二字体のものから、入道後次第に別用体へと変化を遂げ、しかもかなり奇を狙った特異あるものとなっている。

また朱印は別号三非斎の非を模様化したものと、教名フランシスコからFRCOをとって作った一般にローマ字朱印と称せられるものとがある。ローマ字朱印を用いた者は、他に黒田孝高（よしたか）・細川忠興（ただおき）等があるが、わが国でこの種のものを用いたのは、恐らく彼が最初であろう。

第七　領国支配の動揺

一　日向耳川合戦に大敗す

伊東義祐、豊後に逃る

天正五年（一五七七）の末、それまで南九州に封じ込められていた島津氏は、この間に遅れ馳せながら領国支配体制を固め、それによってようやく対外的に軍を発して、先ず日向を攻撃した。日向の野尻城（宮崎県西諸県郡）・高原城（同前）等に拠っていた伊東義祐は敗れ、その子義益と共に宗麟を頼って豊後に逃れて来た。実は当時、宗麟の甥であると共に婿でもある一条兼定の女が義益の妻となっていたのである（「大友氏系図」、その他）。島津氏に対する牽制策として、大友氏は伊東氏と好（よしみ）を通じていたのである。この伊東氏が日向を追われたとあっては、大友氏の島津氏に対する抑えが利かなくなる。このため新領国主義統は翌天正六年（一五七八）春、約六万の兵を率いて日向に向かった。

義統、日向へ出陣

大友氏の勢威に圧倒されて、同国の一七の城主はたちまち降伏し、延岡の領主で大友氏に叛し、島津氏についた土持弾正少弼親成は討たれた。義統は同国の寺社の破却を命じ、実施された。

宗麟も日向へ向かう

臼杵にあってこの勝報に接した宗麟は、受洗後の十月、すでに隠退後であるに拘わらず、自らも夫人と親虎、宣教師カブラル、ルイス＝デ＝アルメイダ、及び二人の修道士を伴い、三〇〇の部下を率いて、同地から海路日向土持領に向け出発した。その軍船には日本の十字軍よろしく、十字架の軍旗を掲げ、船上の家臣は皆数珠と影像を胸に懸けた（天正六年九月十六日付、ルイス＝フロイス書簡）。正にキリシタン大名の面目躍如たるものがある。しかも彼は、日向の武士をことごとくキリスト教徒とし、また同国においては他の日本のそれとは異なった新しい都市を建設し、ポルトガルの法律と制度によって政治を実施したいとして、一つの理想郷の建設を夢みるのであった。彼は差し当たり無鹿（務志賀・宮崎県延岡市無鹿町）に本営を置き、日向の或る一つの城内に会堂及び住院を建築すべき地所を選び、これを宣教師等に与えた（天正七年十一月二十二日付、フランシスコ＝カリアン書簡）。

宗麟は田原親賢を総指揮者として、同国の高城（たかじょう）（宮崎県児湯郡木城町）を包囲攻撃することを命じた。高城は児湯郡の小丸川に沿った要衝であって、島津義久の将山田新介が守備していた。ところがこうした大友軍のところに、突如島津義久軍が救援のため押し寄せて来た。そしてこれよりさき北上していた義久の弟の家久軍、及び高城の城兵と共に、これまでの連勝に酔い油断していた大友軍を挾撃した。不意を衝かれた大友軍はたちま

大友軍壊滅

ち壊滅状態に陥り、島津氏の鋭い攻撃の前になすところなく大敗を喫したのである。そしてこの一戦で大友氏の主要な部将の多くが戦死し、失われた。この高城をめぐる攻防戦を、一般に耳川の合戦と称している。天正六年（一五七八）十一月のことである。戦死者は

戦死者二万人

二万人にも達したと伝えられた（天正八年九月十二日付、ロレンソ＝メシア書簡）。

治世開始以来昇天の勢に乗り、ほとんど決定的な敗北を知らなかった宗麟であったが、今やここに、最初にして最大の敗北を喫するという厳粛なる事実を目前にして、已むなく退却に決せざるを得なくなった。

思うに宗麟が、従来ほとんど敗戦らしい敗戦を知らなかったといっても、それは主として臼杵・立花・吉弘氏等の三老を初めとする優れた武将等の軍事活動と、彼独特の頭脳的な外交政略に支えられたものであって、決して彼自身が用兵に優れた戦略家であったのではなかった。むしろ彼は、先にも述べた通り戦陣における猛将というより、本営

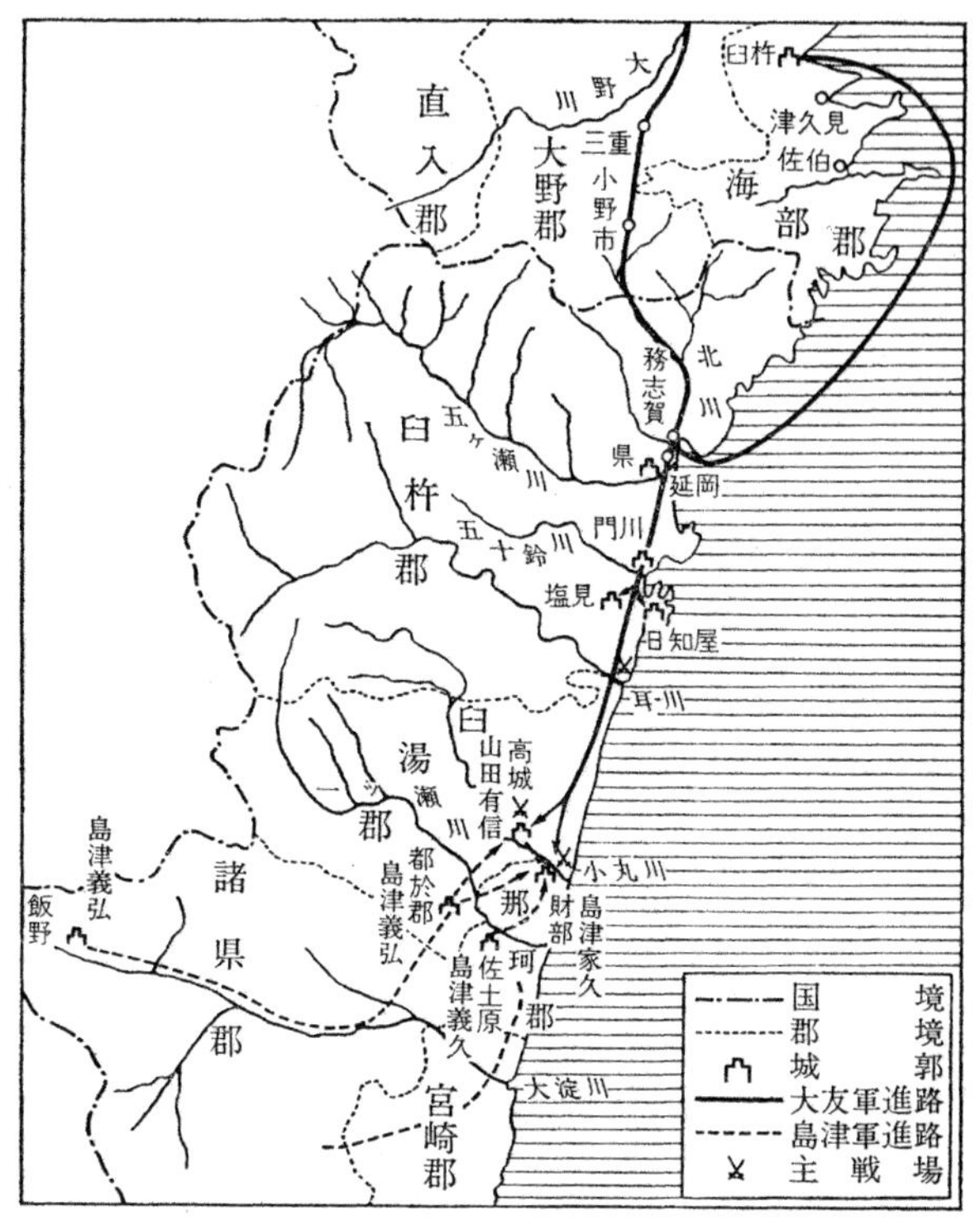

日向耳川合戦要図

渡辺澄夫氏『大分県の歴史』127ページによる。
ただし，進路については推定によるところもある。

における智将という点に、その本領があったというべきであろう。彼に欠如した戦陣の猛将としての側面は、むしろ先述の三老や、高橋紹運等がカバーしたものであった。

従って耳川合戦においても、一旦敗戦となればその体勢を立て直し、逆襲に転ずるなどの策は、彼においては到底期待すべくもなかった。また総指揮者の親賢も、この意味からは宗麟と同様であって、彼は先述のように大友三家の一つ田原家の当主であり、かつ宗麟前夫人の兄という全く血統上の位置から、指揮を委ねられたものに過ぎなかったのである。義統については論ずるまでもない。

戦死を免かれた者は、全軍豊後へと敗走した。この間敗走者の間から、敗戦の原因は宣教師等が宗麟を欺いて信徒となしたため、神仏の罰を受けたものである、との声が上った。このため宣教師等は、宗麟の脇から離れると敵や敗走の武士等に殺害される危険に曝され、少なからず困惑した（天正七年十一月二十二日付、フランシスコ＝カリアン書簡）。

しかも一時は戦死を伝えられていた総指揮者の田原親賢が、一月余りの後豊後に姿を現わし、これも敗因を宣教師等のせいに転嫁して吹聴した。そしてこれを信じた領民等による迫害がつのって来た。しかし宗麟の信教上の態度は、こうした試練の中にあって全く変わることがなかった（同前）。しかしそれはともかく、この日向での敗戦は、大友氏の滅亡の序曲であった。

二 つのる領国の衰退

領国の叛起

宗麟のキリスト教への接近、そして引き続くかれの入信が、領国内に少なからぬ紛争を惹起し、混乱に陥ったことはしばしば述べて来た。そして今また日向における島津氏との一戦に、嗣子義統の大友軍はあえなく大敗してその弱体を暴露した。

龍造寺隆信叛す

ことここに至って、領国内外の領主で、かねてその勢力拡大のため便宜大友氏に服していたに過ぎなかった者達が、大友氏の大敗を聞くと直ちに各地に蜂起した。先の島津義久の他、叛徒のうち最大のものは、いうまでもなく肥前の大半を領していた佐賀の龍造寺隆信であった。また筑前では秋月種実を中心として、これに肥前の筑紫広門が加わって薩摩の島津義久に応じ、宗像・麻生・原田の各氏がこれに応じた。一方筑後の領主はその大半が隆信に応じ、かつてあれほど大友氏に帰順していた田尻鑑種も叛した。さらに柳川の蒲池鎮並（しげなみ）も、その父宗雪は耳川合戦に加わって戦死するなどの事があり、義統から功を賞せられていたが、やはり叛して隆信に応じた。

高橋鑑種叛す

　また豊前では先の高橋鑑種が再び叛し、彦山座主有舜も同じた。一方肥後では甲斐宗運・合志（ごうし）親為・城（じょう）親賢・隈部（くまべ）親泰等が隆信に帰順し、さらに宇土・八代（やつしろ）・相良・鹿子木（かのこぎ）各氏等もこれに同心した。よって隆信は早くも一族の龍造寺家晴を南関に、そして同時・土肥信遠を八代に配して、島津氏の北上に備えた（『鎮西要略』、その他）。

田原親宏叛す

　こうして緊迫した周囲の情勢に応じて、豊後内にも叛く者が現われた。このうちの最大の者は田原親宏である。先述のように大友三家の一つ鞍掛田原氏の当主であり、家臣中最大の実力者として隠然たる勢力を持つ人物である。

　宗麟はかつてこうした親宏を憎み、一時これを国外に追放したり、或いはその所領を奪って、これを分家の武蔵田原親賢に与えたりしていた。このため親宏・親賢の両田原氏は、かねて対立していたことは先述の通りである。

田原親宏

　大友氏の逼迫した事情を看取した親宏は、天正六年（一五七八）十二月の或る日、突如府内を出奔して国東郡の本拠安岐城に帰り、義統に対して、かつて宗麟が奪い親賢に与えた国東・安岐両郡の旧領の返還を強要して来た。親宏は事もあろうに、女を大友氏の多年の仇敵である筑前の秋月種実の妻に送っていた。一時島津義久と同盟していた種実もこれを棄て、逆に龍造寺隆信と同盟し叛いていたが、いま親宏もまたこれと呼応して叛起することは殆んど明らかであった。当時若し親宏が叛し府内を襲撃すれば、大友氏の滅亡は疑いなしとみられた。

宗麟、死を決す

一方家臣等は、ことここに至ったのは宗麟の入信その他の失態によるものであるとして、彼を非難した。宗麟はもはや死の覚悟を決める一方、各家臣を訪ねて物を与え、愛情を示すなどして彼らを慰撫し、服従を続けさせようとしたという。ここには治世当時の輝ける宗麟の姿はすでになく、まことに卑屈な態度であるといわねばならない。義統は親宏の要求に従って旧領を返還した。そしてこの直後親宏は急死して危機は去った（天正七年十一月二十二日付、フランシスコ＝カリアン書簡）。

一方親宏に所領を返還することを余儀なくされた親賢は、経済力を失ったのみでなく、耳川合戦の敗北の責任を追及しようとする家臣等の声が高まるに至ったため、先述のようにその権威を全く失墜することとなり、失意に沈んだ。

田原親貫叛す

親宏の跡を嗣いだ養子親貫は、親宏の遺志を受けて天正七年（一五七九）十二月謀叛を起し

田北紹鉄叛す

た。この際親貫は重臣田北紹鉄や、筑前秋月種実の他、龍造寺隆信等とも密かに謀議して挙兵した。遠く安芸の毛利輝元も、また密かに支援したともいう。彼は海路府内を攻撃すべく、軍船を進めようとしたが、相憎く暴風に阻まれて不可能となり、攻撃は失敗した（同前）。

天正八年（一五八〇）に入ると、これまで大友氏に心服したかのように装っていた謀臣田北紹鉄が、遂に親貫に呼応して大分郡の熊牟礼城に叛起した。しかしこれは大友氏に追われ、秋月種実を頼って筑前に落ちる途中、日田郡で八〇名の部下と共に討たれた（天正八年九月十二日付、ロレンソ＝メシア書簡）。

先の親貫に対して義統は、大分・玖珠・大野・直入・日田の五郡の軍を投じて攻めさせた。親貫は紹鉄の敗死、そして重臣津崎兵庫助・同備前守の両名が義統に内応したため力を失い、二月遂に切腹して果てた（同前）。戦勝の義統は、弟の親家に田原家の名跡を相続させた。

これより先、大友氏の重臣等の間から、隠退した宗麟に対し、少なくとも向こう三ヵ年間治世を復活して、領国支配体制の挽回を計るよう望む声が高まって来た。義統も先述のように宗麟との間に対立を生じていたが、此処に至ってやむなくこれに従い、自ら臼杵の宗麟の下に赴いて出馬を懇請した。しかし宗麟は、当時治世に対する意欲を殆んど喪失しており、俗界を離れて、残余の人生の全てを魂の救済に充て、過去に犯した愚かな行動を償いたいとして、容易に応じようとしなかった。けれども度重なる要望に遂に折れ、二つの約束が守られることを条件に復位を承諾した。その一つは義統を総指揮者とし、自分はその顧問となるということ。これは密かに義統を補佐し、体制回復の名誉を義統に帰せしめようとする父としての愛情によるものであった。次にこの目的を達成するため、義統以下全ての者が自分の命に完全に従うこと。そしてこれが容れられねば直ちに手を引き、以後一切関与しない、というものであった。こうして宗麟は老軀に鞭うち、義統の治世の補佐を行うに至った（天正七年十一月二十二日付、フランシスコ＝カリアン書簡）。

宗麟治世を復活

龍造寺隆信威を増す

さてこうした一方、佐賀の龍造寺隆信の勢威は日ごとに増大した。天正八年（一五八〇）正月の年始の祝儀には、両筑・両肥・壱岐等から群参する領主で門前市をなす有様となり、二〇万人の者を指揮下に置き、自ら「五州太守」と称するようになった（『鎮西要略』、その他）。今や大友・島津両氏と、少弐氏に代わる龍造寺三氏による鼎立（ていりつ）抗争の時期を迎えたのである。島津氏の他に龍造寺氏が大きな勢力として出現し、しかも両者が肥後・筑後をめぐって抗争を続けたことは、大友氏としては島津氏の正面攻撃を免れることを意味し、一時的にもせよやや有利な政治・軍事情勢であったといわねばならない。果たして天正九年（一五八一）隆信の勢が肥後に強く及ぶに至り、自領への圧迫を恐れた島津義久は織田信長の周旋もあって、同年義統と一時和睦した。

忠臣立花道雪・高橋紹運

豊後から遠く隔った属領にあって、日ごとに増大する叛徒を相手に、最後まで変わらぬ忠節を貫いた名将は筑前立花城の立花道雪と、同岩屋・宝満両城の高橋紹運である。この両人についてはすでに述べたので、ここで多く繰り返し記すのは避けたい。道雪がはるか豊後の衰退を黙視するに忍びず、府内の年寄等に対し檄を発したのは天正八年（一五八〇）二月であった（立花家文書）。悲運に傾く大友氏を背後にしつつ、この両将は共同戦線を張り、歴年秋月種実・筑紫広門等を初めとする筑前・筑後の敵を相手に縦横の奮闘をなした。

また高橋紹運は次男統増に宝満城を守らせ、自らは岩屋城を守った。この間種実は、紹運の重臣北原伊賀守鎮久をそそのかして内応せしめ、岩屋城を落そうとしたがその効なく、却って天正九年十一月筑前大日寺に大敗せしめられるなどのことがあった。

龍造寺隆信戦死

　こうして年月を経るうち天正十二年（一五八四）、肥前の有馬晴信は隆信の圧迫に苦しみ、島津義久に援を求めた。よって義久は弟家久に三〇〇〇騎を授けて晴信の救援に向かわせた。この島原半島における戦で、同年三月隆信はあえなく戦死を遂げてしまった（『鎮西要略』、その他）。三者鼎立はその一角が崩れたのである。そして これ以後大友氏は、再び島津氏の正面攻撃に悩まされることとなる。

　しかしこうした中に筑後高良山（こうらさん）に陣し、黒木氏を討つべく準備中、突如道雪は病死してしまった。天正十三年（一五八五）九月のことで、時に七十三歳であった。『鎮西要略』はその死を惜しみ、「道雪の卒するは千里の鉄城の壊るるが如し。大友零落の基なり」（原漢文）としている。次いで翌天正十四年（一五八六）七月、岩屋城の高橋紹運もまた、飽くことなく打ち寄せる島津軍の攻撃の前に遂に戦死した。父の戦死を聞いた宝満城の二男統増は、城を開き島津氏に降った（『上井覚兼日記』、その他）。いよいよ大友氏の壊滅は、目前に迫って来たのである。

三　秀吉に救援を求む

右にみるように宗麟父子は、日増しにつのる島津氏の重圧を感ぜぬわけにはゆかなかった。

秀吉、大友・島津両氏に和睦を命ず

一方中央にあって、全国統一を目前に控えた秀吉にとっては、大友・島津両氏の抗争は決して好ましいものではなかった。よって秀吉は、天正十三年(一五八五)十月、両氏に和睦を命じた。しかし島津氏は、已むを得ざる防衛戦であると強弁してはばからなかった。

秀吉、大友氏に救援を保障

この間宗麟は、例の外交手腕によって早くから秀吉に通じ、その好意を得るに至った。そして天正十三年(一五八五)十二月の時点において秀吉から、「休庵(宗麟)・義統の事、見放つべきに非ず候間、心安かるべく候」(原漢文、大友文書)として、危急の際の救援の保証を得、しかも激励をさえ受けるに至った。しかしそれにも拘わらず島津氏は更に圧力を加え、やがて日向・筑後・肥後の三方から豊後を窺うに至った。最早大友氏はほとんど拱手(きょうしゅ)するのみであった。先の秀吉の言質も、何処まで信じてよいものか、救援するとしても果たしてその手段は十分なものであるのか等々、宗麟は悩んだ。そこで彼は秀吉に来

宗麟、秀吉に救を求むべく大坂へ赴く

援を請うべく、直接彼の下に赴くことにした。その卒去を一年余りの後に控えた晩年の宗麟としては、誠に労多き壮挙であったとみられる。嫡子義統と、その統治する領国に対する限りない愛情によるものであろう。彼は人目をはばかって天徳寺と号し、柴田久三統勝・佐藤新介入道等極く僅かの従者を伴い、天正十四年（一五八六）三月末臼杵より海路大坂へ向けて出発した。そして四月五日泉州堺（大阪府堺市）の妙国寺に入り、ここを宿所として早速四月六日、住吉・天王寺を経て目的の大坂城に登城し、秀吉に謁した。時に宗麟五十六歳。そして秀吉は五十歳であった。この秀吉への謁見の模様一部始終を、宗麟は卒直な驚嘆の眼を以て、極めて詳細に国許の年寄である古荘丹後入道・葛西周防入道宗筌・斎藤紀伊入道道瓅の三人に伝えている（大友文書）。いまこれによって、宗麟の眼を通して観た秀吉や大坂城その他について記してみよう。ここでは一時的にもせよ九州に覇を唱え、海外にも広く交友を求め、学芸に対する幅広い理解と受容力を備えた宗麟も、秀吉の前にあっては、やはり義統の評するように「田舎人」に過ぎなかったことがよく窺われる。

秀吉に謁す

先ず彼は初めて見る大坂の街について、言語に及ばずと驚いている。また当時大坂城は完成の途次にあったが、まずこの城門の普請に集まった人夫の多さと、その規模の雄大さに打たれ、まるで大河のような堀、鉄製の城門等に仰天するのだった。漸く登城を許され、そこで初めて秀吉に謁する事となった。幅九間の座敷三間が襖が開け放たれて大広間となっており、秀吉はその最上の間の主居に座を占め、その脇に秀吉の舎弟美濃守秀長、そして宇喜田秀家・細川兵部入道幽斎・長谷川秀一・宇喜田忠家が順次居並んでいた。次の間に宗麟は座を与えられ、彼の次に前田利家、そして安国寺恵瓊・宮内法印（前田玄以）・利休居士と座を占めた。

壮大な大坂城に驚く

秀吉の着衣

秀吉の着衣についてみると、肌には紅の小袖を、そしてその上に唐綾の白小袖を重ね、袴を穿いていた。袴の地の色はよく分からなかったが、紫や玉虫色の模様が描かれていた。足袋は赤地の金襴に、練縫のものであった。

一同皆脇差を外し、そこで酒・菓子及び茶の接待に与った。この後秀吉から茶室に案内された。茶室は三畳程の狭いものではあったが、天井・壁等の他、障子の骨に至るまで全て黄金で出来ていた。室内の茶器は、これまたほとんど全て黄金作りであった。

秀吉は宗麟に好意を感じたものと見え、彼に「宗滴ハ茶ニスキカ」と尋ねた。宗麟が

秀吉、城を案内す

答えるより早く、利休がひきとって好きである由を述べると、「さらば一服たて、休庵へ参せん」として、秀吉は見事な手捌きで茶を立てて宗麟に与えた。彼はその半分程を飲み、残る半分を召連れていた数名の家来に分け与えた。

くつろいだ空気となり、秀吉は雑談や戯言(ざれごと)などをこぼした。宗麟に友情さえ感じた秀吉は、次いで天守閣を案内しようと言い出した。これには秀長も同道した。天守閣の地階は蔵で、下方には小袖を収めた長櫃が一五－六箱あり、その上方には綿蔵か紙蔵らしきものがあり、また手火矢・玉薬を収めた蔵がある。三階以上には大手火矢・大筒が六挺ずつあり、その他金銀を収めた蔵もあった。秀吉は宗麟にこれらを一つ一つ入念に説明し、打明けて何かと冗談などを述べた。

最上階に上ると近国の在所が実によく見渡せるのであったが、この時秀吉は宗麟の手を取り、或いは肩に手を懸けるなどして、雑談に興じた。

ようやく下に降りると秀吉は、「草臥(くたびれ)候ハん」と老体の宗麟を労い、また茶を与えた。これですっかり気を良くした秀吉は、更に今度は自分の寝室まで見せようと言い出した。これもやはり宗麟の供の者も同道して見ることになった。寝室には一種のベッドが置かれていた。褥（しとね）には猩々緋が、また枕には黄金で種々の彫刻が施してあり、言い様のないすばらしいものであった。この他さらに黄金造りの笈（おい）があり、この上に不慮の際に備えてか長刀が置かれていたが、他には何の武具も見当たらなかった。傍の違い棚には、誠に多様の彫物が輝き渡っていた。

茶壺を見せる

次の間にもう一つこれに似た寝室があった。この二間に名物の茶壺がいずれも金襴の袋に紅の緒を結んで置かれていた。秀吉は利休に、「さらば秘蔵の壺を休庵に見せ申すべし」と命じた。利休は先ず四十石と称する壺を袋から取り出して見せた。次いで津田宗及・今井宗薫等の茶人が、それぞれ松花・佐保姫・撫子・百島等の壺を取り出して見せるのであった。先に宗麟が献じた志賀と称する壺も、四十石と共に秘蔵するつもりであるとのことであった。秀吉の気に入ったのは誠に結構なことであった。

この後さらに衣裳所とでもいうべき部屋に通された。ここには女房衆の種々の色模様からなる小袖や、秀吉の小袖があった。また二本の脇差があったが、そのうち最も愛蔵する方のものを自ら手に取って自分に与えられたが、これは誠に面目の至りであった。また此処では十二－三歳の着飾った女子二－三人が、それぞれ茶菓子や、秀吉の太刀を捧げて控えており、さらに次の間には坊主の幸蔵主や、東殿等と称される女房衆が控えているのが見られた。秀吉は老齢の宗麟を案じてか、また「休庵草臥候はむ」と述べられたので、「上意の如し」と申し上げたところ、「先々罷帰候え」との事であったので、ここでようやく秀吉の下を辞し、城から退出する事とした。

城を退出

宿所へ帰るに先立って、秀吉の舎弟美濃守秀長のところへ立寄った。秀長は城普譜の仮屋に居合わせたが、彼は宗麟の手を取り、何事も心安くされよ、内々のことは宗易(利休)に、公儀のことは自分がよろしく計らうからといわれ非常に有難かった。恐らく豊後救援問題の処理を確約したものであろう。ともかく利休と秀長の両人は、秀吉の側近第一の人物のようであり、入魂専一にすべきだと思われた。いよいよ秀長に別れを告げ、城を辞去した。この際秀吉から米四〇〇石、太刀一腰、馬一疋、その他を賜わった。途中で雨に遭ったが、ともかく夕刻薄暮の迫る頃、無事宿所の妙国寺に帰着した。

以上のように、宗麟の観察と、その記述は誠に行き届いたものであるが、肝腎の救援問題については、先の秀長との対話を記す以外触れるところがない。しかしともかく宗麟としては、十分な成果を挙げたとして、満足して豊後に帰着したものと思われる。

救援を求めし は失策

豊後の危機は秀吉のこうした救援の保証によって回避されたかのようにみえた。しかし長期的な展望に立つと、これは大友氏にとって決して得策ではなかった。島津氏による危機に際し、自力を振り絞ってこれと対決する姿勢を欠き、安易に秀吉の至上権力に依頼しようとするところに宗麟の限界がある。

そしてついにのち彼の没後、朝鮮侵略戦争の際における僅かな手落ちを口実に、宗麟に好意の手を差し延べたその同じ秀吉によって、義統が除封処分に遭うその悲劇は、皮肉にもすでにこの時始まっていたといわねばならない。

四 島津氏の豊後侵略と領国支配の瓦解

島津氏北上

右のように秀吉の救援の確約の行われた後も、島津氏の圧迫は一層つのるばかりであった。義久は北上して肥後八代（熊本県八代市）を前進基地として、島津忠長（義久の従弟）・伊集院忠棟（ただむね）等を高良山に送り両筑に圧力をかける一方、豊後の大領主等に密書を送り、これらを内応せしめる作戦を展開し、しかも相当の成果を収めた。このうち特に驚くべきことは、宗麟の二男で田原氏の名跡を嗣いだ親家が島津氏に内通し、その豊後侵入に

二男親家、島津氏に内応

便宜を与えたことである。これはたちまち露見した。義統は激怒し、その所領をことごとく改易して追放し、さらに殺害さえしようとした。しかし、さすがに宗麟の取りなしで生命だけは助けられた（「天正十五年年報」）。

秀吉、九州遠征を決意

こうした情況の中で、義統もまたしきりに秀吉に救援を求めた。よって秀吉は、天正十五年（一五八七）三月を期して九州に遠征する事と決めた。そしてその先陣として、四国から土佐の長宗我部元親・信親父子を豊後に、そして中国からは毛利輝元・吉川元春・小早川隆景を豊前に遣わすこととした。そしてこれに讃岐の仙石秀久、及びキリシタン大名小寺官兵衛（後の黒田孝高・法名如水）という秀吉の直臣の両将を、それぞれ右の四国・中国軍の監察使として豊後・豊前に遣わした。

島津軍、豊後に侵入

豊後を執拗に窺う島津義久は自ら大軍を率いて日向に進み、全軍を二隊に分かち、天正十四年（一五八六）十一月、弟義弘の率いる一隊を肥後、そして同家久の率いる他の一隊を日向境からそれぞれ豊後に侵入させた。

諸将等島津氏に内応

この侵入は、豊後大野・直入郡等のいわゆる南郡方面を守る大友氏の家臣等を内応させる戦略と併行して、巧妙に行われた。大野郡では戸次鎮速（鎧嶽城主）・一万田宗挨（鳥屋城主）・紫田紹安（朝日嶽城主）等が、また直入郡では志賀道雲（白仁城主）・同道益（親孝）・朽網宗歴（山野城主）・入田宗和等が叛し、侵入軍の誘導すら行なった。大友氏の家臣掌握の脆弱さがここに露呈されたのである。

島津家久軍

先ず日向境の梓峠から侵入した家久軍は破竹の勢で北進し、大野郡の松尾山から中途西の緒方荘（大野郡緒方町）・野津院（同野津町）を攻めて諸城を陥し、一部は東の海部郡に入り、佐伯の栂牟礼城の佐伯惟定を攻めたが却って敗られた。しかし本隊は十二月宗麟膝下の臼杵を窺う一方、大分郡鶴賀城に利光宗魚を攻めてこれを討った。この際義統及び仙石秀久・長宗我部元親父子は救援のため府内からこれに赴き、家久に大敗した。戸次川合戦がこれで、信親はこの時戦死した。この敗戦で義統は西走して高崎城、ついで豊

義統、豊前へ脱走

前龍王城に逃げ込んだ。また秀久は豊前小倉城、そして元親は遠く伊予の日振島へ奔った。この際特に義統が豊後を棄てたことは、秀吉の最も不興とするところとなり、これがのち改易の一誘因となった。またイエズス会士は、義統と共に秀久を無能扱いしているが（「天正十五年年報」、以下主としてこれによる）、それは主としてこの時の敗北が大きな要因となっているものと思われる。

島津軍が屯した上野丘の一角（故田北学氏邸）から霊山を望む

大友宗麟の旧蔵した大砲（靖国神社蔵）

ポルトガル人から贈られ，「国崩」と称して，丹生島城に備えていたといわれる。全長2.8 m，口径9.7 cm

島津義弘軍

一方肥後境から侵入した義弘軍は、新納(にいろ)忠元を先鋒とし、波野原を経て志賀親次(ちかよし)（親善）の守る岡城（大分県竹田市）を攻撃した。このころ親次以外に、島津軍に抵抗する者は殆んどなかった。親次は援を義統に求めたが義統が応じうるはずもなかった。そこで彼は計略をめぐらし、ゲリラ戦を展開し義弘軍を悩ませた。そこで義弘軍は岡城を陥すことを断念し、大分郡に進出した。そして越えて天正十五年（一五八七）正月、彼らは由布院（大分県湯布院町）、次いで玖珠郡の角牟礼(つのむれ)城を攻めた。

家久軍、臼杵を攻む

先の家久軍は義統等の脱出した府内に入り、次いで再び宗麟の臼杵城に向かった。臼杵に侵入した彼らは三日間に亘って城を包囲するうちに、宗麟の建てた聖堂その他ガザ（住院）を焼き、各地の十字架を切り倒すなどのことをした。このため街は灰燼に帰した。ただ臼杵城の防衛に際し、特に宗麟が命名した二門の「国崩(くにくずし)」と称する大砲が威力を発揮し、家久軍を悩ませたことは注目に値する。しかし臼杵の城には先にも述べたが、これを防衛する宗麟の部下の武士は殆んど居らず、大多数は貧しい婦女子で満されるという無防備に近い状態であった。この間宗麟は戦闘の指揮よりも、夫人や女らと共に領民の救済に全力を尽し、乏しい衣食を分かち与えたという。

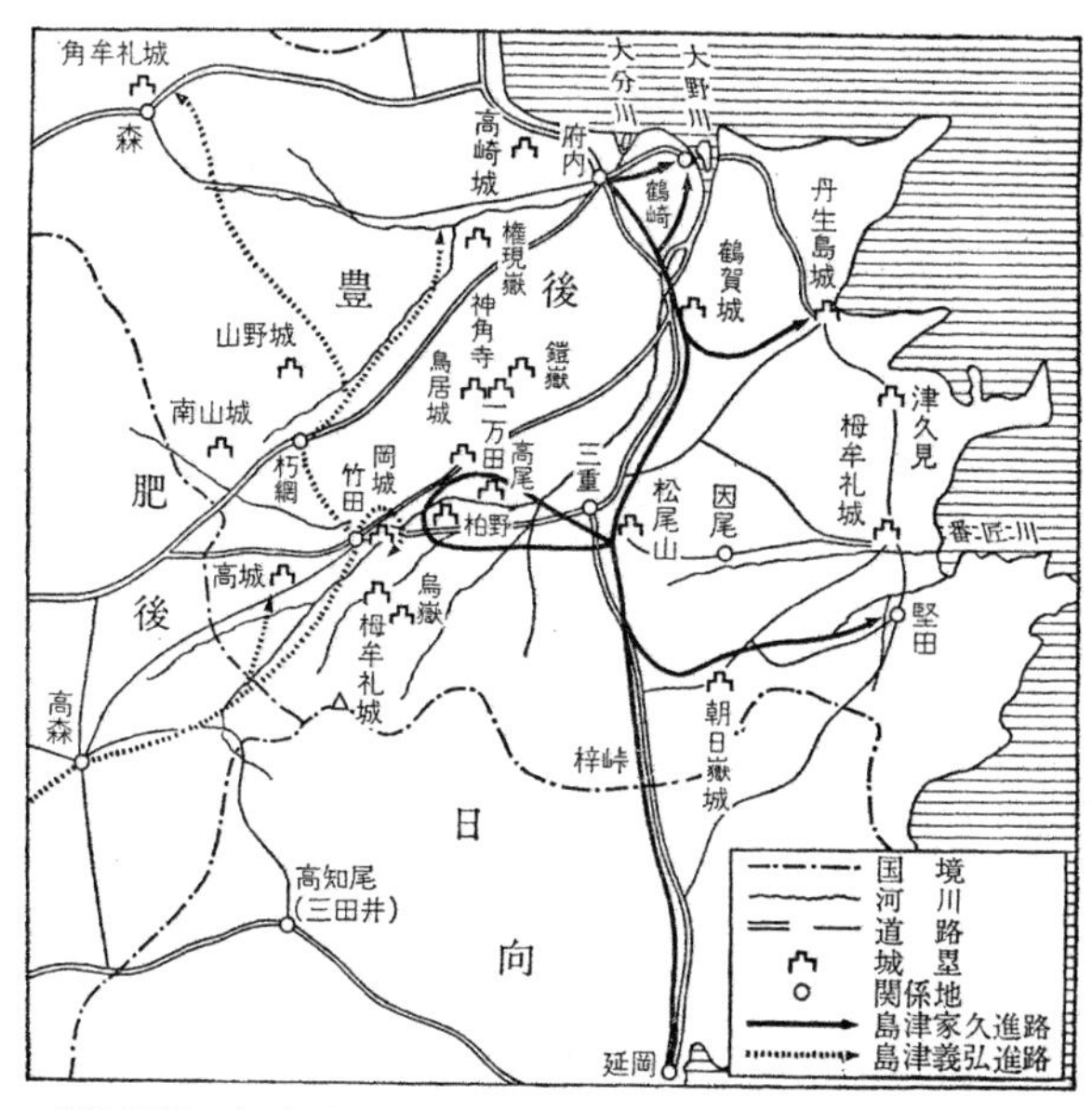

島津軍侵入経路図　渡辺澄夫氏『大分県の歴史』133ページによる。
進路の一部は推定によるところもある。

義統は島津軍が臼杵を襲ったことを聞き、急ぎ府内に引き返した。しかし準備不足であるうえ部下も少なく、何ら対応措置を講ずることは出来なかった。それにも拘わらず臼杵城が陥落を免かれたのは、先述のようにこれが天然の要害であったこと、及び島津軍が府内から救援の大軍の迫るのを恐れ、退却したからであった。

宗麟、敗北を認む

　こうした事情に至って、宗麟も遂に豊後の敗北を認め、臼杵城内のノビシャド（修練院）、及

宗麟、宣教師等に脱出を勧む

び府内のコレジオ（学院）の宣教師等に、早急に家財を携えて山口の駐在所の一つに逃れることを勧め、彼の下にはただ宣教師一人、修道士二人と、臼杵の駐在所に少数の者を残留させることを求めた。ゴメスはその協議のため臼杵から府内に赴いたが、これは至難の業であった。当時豊後は混乱と無秩序のため、陸海共に盗賊が横行しており、また船もなく臼杵に府内の宣教師を集める事が困難であった。更に当時多くの者が府内から他処に疎開しようとしていた。このため義統・秀久の両人は、府内の住民が家財を携えて脱出することを禁じ、これに背く者は死刑に処することとした。このためゴメスは下関に居たルイス＝フロイスに、彼から豊前に居た小寺官兵衛に、宣教師等が家財を携えて山口に逃るべく、数艘の船を用意願いたい旨請わせた。官兵衛はこれを聞き、彼の船を出すよう部下に命じた。しかし厳冬のため風向きが悪く、しかも彼の船は遠隔の地にあったため用をなさなかった。そのため彼は、臼杵に入港したあらゆる船の船頭に、宣教師とその家財の山口への輸送を依頼する書を出してくれた。これによって直ちに塩飽（しあく）島から大船二艘が臼杵に到着し、廉価でこれを引受けてくれた。

宣教師等殆んど豊後を去る

こうしてイエズス会の会員三三名、その他同宿使用人等一行六五名の者が乗船して豊後を去った。豊後に残留したキリスト教関係者は一三名であったが、彼らはのち非常な労苦を味わうこととなった。

領国殆んど壊滅

臼杵の他、府内も全く焼失し破壊され、見るに忍びぬ有様となった。かつて六ヵ国を支配していた大友氏の残された唯一の領国たる豊後の首都府内がこうなった以上、もはや大友氏は壊滅し去ったと思われた。

島津氏撤兵

しかし漸次豊後救援の武士が到着してその数を増し、やがて秀吉自身も下向して来ると噂された。このため天正十五年(一五八七)三月、およそ半年近くにわたって豊後を蹂躙し続けた島津軍は、ついに撤兵するに至った。

しかしこの頃、ペストのような悪性の伝染病が流行し出し、治療の術もなく無数の者が病死した。また一旦豊後に残留した宣教師等は、宗麟と共に臼杵の城に居た。しかし彼らも特別の者を除いて、皆豊後を退去することとなった。宗麟の庇護の下、豊後を中心に発展を続けていたキリスト教も、大友氏の領国支配体制の瓦解と共に、重大な曲り角に差しかかるに至ったわけである。

五　秀吉の下向と宗麟の卒去

羽柴秀長、豊後入国

先に仙石秀久・小寺官兵衛と、その管下の四国・中国軍を豊後・豊前に遣わしていた秀吉は天正十四年（一五八六）十二月一日、諸国に二五万の兵を以ていよいよ九州征伐のため出動すべく、その準備の命を出した。そして翌十五年（一五八七）正月一日、それぞれ出発の予定を定めた。こうして秀吉の弟秀長が二月十日大和郡山（大和郡山市）を出発し、三月初め豊後に入った。

秀吉、九州へ第一歩

一方秀吉自身は予定通り三月一日大坂城から首途についた。そして悠々と途中の景勝を楽しみながら、多勢の部下を伴い三月二十八日、先ず豊前小倉（北九州市小倉北・南区）に九州への第一歩を印した。これより先秀長は、先鋒として毛利輝元・宇喜田秀家等の軍を伴い島津軍に追撃をかけ、日向高城（たかじょう）にこれを破った。この一戦に先ず秀吉軍の強さを島津氏に思い知らせたのである。四月十八日義久・義弘は都於郡（とのこおり）（宮崎県西都市）に、また家久は佐土原（同宮崎郡佐土原町）に逃げ帰った。

先に小倉に入った秀吉は、次いで豊前馬岳城（福岡県京都郡・行橋市）に入り、五万の兵を遣わして筑前の秋月種実を攻め、これを降した。彦山座主舜有も降ったが、秀吉はこれを許さなかった。両筑の間に最早秀吉に抗する者は居なかった。秀吉は筑後を経て四月十二日肥後南関に入り、さらに薩摩川内（鹿児島県川内市）の太平寺に宿し、これを本営とした。

島津氏降伏

秀吉の威を恐れた島津氏は、五月八日義久自ら剃髪僧衣し、龍伯と号して太平寺に秀吉を訪ね降伏した。同時に義弘・家久等を初めとして家臣七人も来り、共に質を出して降伏した。秀吉はこれを容れたのみでなく、彼らにそのまま旧領薩摩・大隅・日向三国をそれぞれ安堵し、ここに九州平定が達成されたのである。

大友氏、息を吹き返す

一方こうした救援軍を迎えた大友氏は辛くも息を吹き返した。一旦義統に叛した豊後の領主達も、秀長軍が到着した頃から情勢の変化を看取して転向し、再び義統に臣従するようになった。義統は叛逆した重臣等の処分を行なった。一時は年寄として権を振ったキリシタンの朽網宗歴の子鎮則以下の者が斬罪に処せられた。他の入田宗和等は、島津氏と共に薩摩に逃れた。義統は義兄（義弟か）清田鎮忠からも所領を奪ったが生命は助けた。豊後は崩壊に瀕したが、義統は叛臣から改易して得た莫大な所領を直轄地に加えたため、皮肉にも以前より却って経済力を増し、権力を高めた（「天正十五年年報」、以下同じ）。

豊後の支配が辛うじて破局を免かれ、義統が安堵の思いにひたったこの時期を把え、小寺官兵衛は義統に入信を強く勧めた。当時宣教師等は、義統の受洗については、殆んど期待を失っていた。しかし義統は徐々に態度を和らげた。そして官兵衛のたっての勧めによって、山口に居た宣教師ペトロ＝ゴメスに、直ちに修道士ジョアン＝デ＝トルレスと共に来るよう書を送り、彼からすでに忘れ去っていた説教を聴くことにした。かくてゴメスの手により、彼は田原親賢の守る豊前妙見城において、家族等と共に劇的な洗礼を受けることとなったのである。教名はコンスタンチノであった。同時に夫人（ジュスタ）と嫡子義乗（フルゼンシオ）と女二人（マシマ、サビナ）も受洗した。更にまた居合わせた数名の家臣も等しく受洗した。時に天正十五年（一五八七）三月二十日のことである。

大友義統、家族と共に入信

義統入信の動機

義統が入信したのは、このように直接的には官兵衛の熱心な勧誘によるものであった。しかしさらにこの他、最後までキリスト教との間に一線を画していた義統の母、すなわち宗麟前夫人がその直前臼杵で死去したこと。次には絶えず義統の行動を牽制し続けていた上級の家臣等が、島津氏の侵入に際し叛したため、義統はのち彼らを思い切り処分する事となり、今や義統の行動を束縛する何者もなく、自由の身になったこと。これらが最も根本的な理由であった。

宗麟歓喜す

義統の受洗を聞いた宗麟は非常に喜び、かつ満足し、神に感謝の意を捧げたという。また多くの家臣がこれを聞き、受洗する者が少なくなかった。この中には、キリシタンの孫親次を責めた重臣志賀道輝も含まれていた。しかし田原親賢は依然仏教徒のままであった。

秀吉、九州成敗につき条々

一方島津氏を降した秀吉は五月十三日、九州成敗の事に関する一四ヵ条から成る条々を、朱印状に記して秀長に示した(『大友家文書録』)。このうち大友氏に関するものとしては、まず義統に豊後国の知行を安堵するということ。次に島津氏の豊後侵入の際、叛逆した家臣の城郭は破却すべきこと。ただし温存設置が是非必要な城郭は、義統の忠臣に与うべきこと。志賀親次・佐伯惟定両人は、多くの家臣が叛逆した中で、忠節を失わなかったので褒美として、日向内に各一城を与える。日向国を宗麟に隠居料として与える。

宗麟、日向を辞退

宗麟の居城の選定は、彼の意に任せる、等というものであった。しかし宗麟は、固辞して日向の国を受けなかった(「天正十五年年報」)。かつてあれほど日向に独特の都市建設を夢みた彼であったが、今は全くその意欲を喪失してしまっていたのである。

先述のように宗麟は本来頑健ではなかった。彼は時運に巧みに乗って、外交と政略の上に発展を迎えたものであり、自力で厳しい運命を切り開くことを本領とするものではなかった。こうした宗麟にとって、日向敗戦以来の領国の混乱と崩壊、キリスト教をめぐる夫人や義統等との不和は、彼の心身を著しく衰えさせるものであったと思われる。これが彼の領国支配に対する意欲を減殺させ、津久見に隠棲し、一層キリスト教信仰へと志向せしめる事となったと思われる。死は徐々に迫った。天正十五年（一五八七）の「日本年報」に引かれた宣教師ラグーナの書簡は、宗麟の卒去前後の模様を次のように記す。

宗麟卒去の模様

　我等のよき誠の友であるフランシスコ王は多く艱苦を嘗め、特に豊後の破滅に遭つて長く臼杵の城に籠つてゐた間に、大いに疲労衰弱したことを感じ、平素居住した津久見に行くことに決したが、豊後全国を大いに荒した病に罹らぬため急に出発することが出来なかつた。王は津久見に着く数日前より熱を発していたが、到着後病勢一層加はり、三日を経て死した。（中略）彼は病中かつて家族及び国について語つたことなく、デウスならびに魂に関することのみを思ひ、予に対しても屢々その魂のことを願ふと言ひ、すでに全く力尽くるに至つても手を合せて祈り、その死する

前、彼が心中に深く願つてゐた世子のキリシタンとなることを許し給ふた御恵を謝し、遂に聖徒の如く死した。（下略）

とある。これによると卒去当時の彼は、権威も権力もかなぐり棄てた真摯な一キリシタンとなっていたもののようである。こうして彼は津久見に数え年五八年の生涯を終えた。

宗麟卒去

その時日について、同書簡は一五八七年六月十一日、すなわち、わが天正十五年（一五八七）五月六日であったとする。これは島津義久の降伏する二日前にあたる。しかし一方、卒去の時期と場所については『豊府聞書』に、「天正十五年五月二十三日、宗麟臼杵丹生島城に卒す」とあるのを初め

大友宗麟の墓（大分県津久見市）

として、「大友氏系図」等日本側史料は共に五月二十三日のこととしている。しかもなお先述のように、秀吉は五月十三日付を以て宗麟に日向を隠居料として与える等の条々を公表し、これを宗麟が固辞したことが「日本年報」自身にも見えている。とすれば宗麟の卒去はこれ以後でなければならず、これによって五月二十三日卒去説が採られねばならないともいえる。だが葬儀の現場に居た宣教師等の記事の信頼性は何といっても高い。従って右の条々の発布される以前、秀吉から日向支給の内意を宗麟に伝え、これを彼が辞退し(秀吉の条々はこれとは無関係に出された)、その直後に卒去したことを、周囲の者が一時伏せていたこともありえよう。従って卒去地の津久見と共に、五月六日説の方が可能性が強いように思われる。

大村純忠卒去

なおこれより僅かばかり前の四月十七日、肥前ではわが国最初のキリシタン大名大村純忠が、その館で没した。そして宗麟の卒去した翌月の六月十九日、秀吉は九州平定よりの帰途、博多の宿で突如かの有名な宣教師追放令を発したのである。至上権力によって、ようやくキリスト教弾圧の方向が示される直前これを知らずに没した宗麟は、杉山博氏(同氏『戦国大名』)もいわれるように、その意味では幸せであったといえるかも知れない。

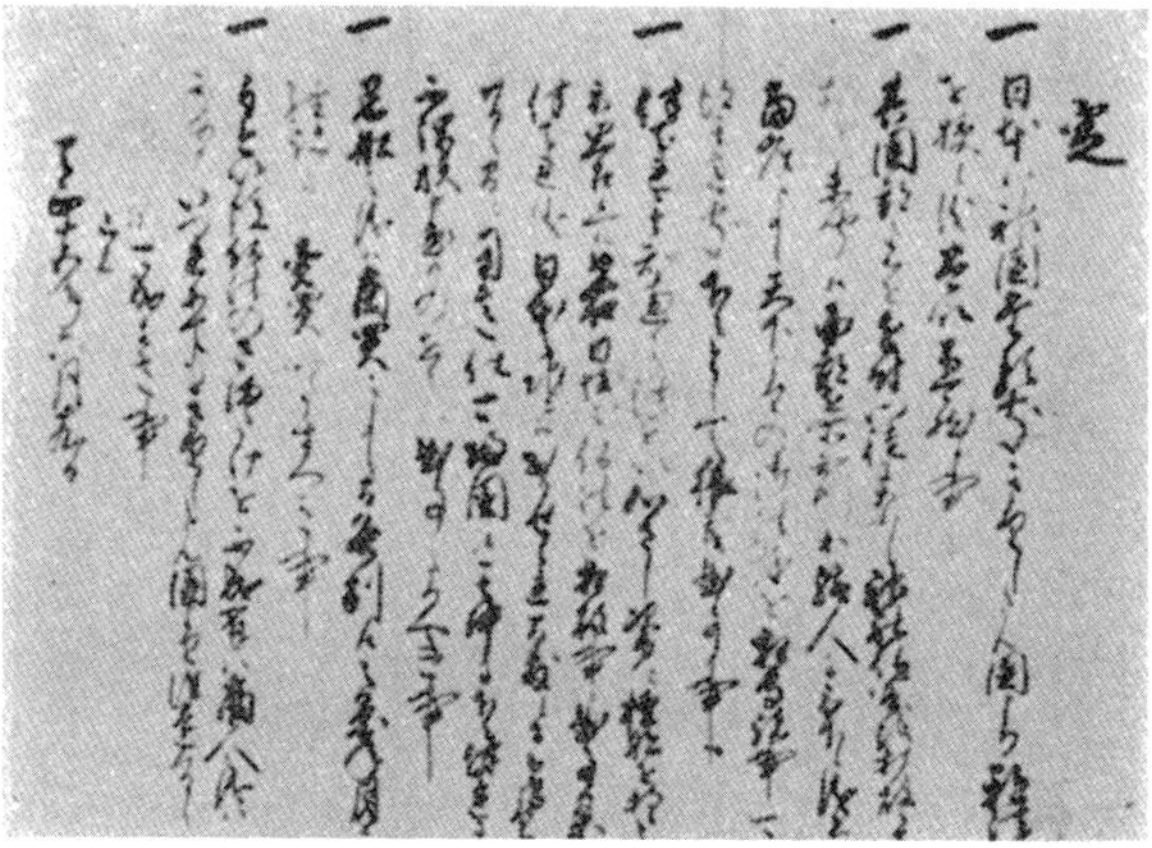

宣教師追放を命ずる秀吉の定
（長崎県平戸市，松浦史料博物館蔵）

葬儀は当然のことながら宗麟の遺志に従い、仏式ではなくキリスト教の法式によって施行された。当時義統は戦陣にあって臨席することが出来ず、また宣教師等は先述のように山口その他に避難しており、その召集が容易ではなかった。ラグーナの書簡は続く。

> われら伴天連（宣教師）三人（ラグーナ、レベロ、フランシスコ）と、予と共にいた伊留満（修道士、ジョアン他一名）と集り、甚だ荘厳なる葬儀を行った。伴天連・伊留満の不足は、この葬儀に参集した無数の人によって補われた。当時世子は遠方に居り、戦争に従事していた為め

列席することができなかったが、在国の殿および大身たちは皆参列し、執政ならびに最も頭立った殿たちが、甚だ立派に飾った棺を肩に担い、その周囲には十字架の旗多数を立て、その後にジュリアとその娘たち一同、並びに無数の人が随行した。棺台は甚だ立派なもので数段を備え、周囲には金を塗った蠟燭が甚だ多数立ててあった。(中略)墓所は王の身分に相当した立派なもので、諸人の涙と哀悼の中に埋葬した。

とある。完全なキリスト教方式であったことが分かる。しかし臼杵寿林寺に来住していた怡雲(いうん)宗悦は、宗麟没後四ヵ月余り後の同年九月宗麟画像に賛を加えた中に、敢て宗麟を「瑞峰院殿瑞峰宗麟大居士」との戒名を以て称した。宗麟が如何なる態度をとろうとも、彼としてはこの仏式の戒名を用いねばならぬという矜持(きょうじ)があったものであろう。また最初キリスト教徒としての墓であったはずであるが、のちこれも仏式に改変された。こうして宗麟は今、終焉(しゅうえん)の地津久見(大分県津久見市)に静かに眠っている。

宗麟画像の賛

第八　宗麟没後の大友氏

一　朝鮮の役と大友氏の除封

すでにみたように大友氏は、天正十四年（一五八六）秋から翌春にかけて、島津氏のため府内・臼杵を初めとする最後の領国豊後を蹂躙され、その支配は一旦崩壊した。しかし秀吉の救援によって辛くも体制を挽回し、これを見届けた上で宗麟は没した。だが皮肉にも、その救援の手を差しのべた同じ秀吉によって、六年後の文禄二年（一五九三）、大友氏は除封処分を受けることとなる。いまここでその大友氏改易を決定的にした朝鮮の役と、この間における大友義統軍の動向についてみよう。

文禄二年除封

秀吉、朝鮮侵略

秀吉の朝鮮侵略は、先にみたように天正十五年（一五八七）、彼が島津氏を降して全国制覇を目前にした頃から、早くも次の目的として、東アジア一帯にまたがる一大帝国の樹立を夢み、その雄大な構想の下に差し当たり「唐入り」、つまり中国の席捲を企て、その足懸りとして通過路にあたる朝鮮を屈服させようとして開始されたものであった。こうしてこの計画は漸次具体化されて行った。天正十九年（一五九一）に名護屋（佐賀県東松浦郡鎮西町名護屋）・壱岐・対馬に築城し、翌二十年（文禄元・一五九二）正月に全国諸将に出陣を命じ、以後慶長三年（一五九八）に至る七ヵ年間戦争が断続し、中途に講和―決裂、の休戦期間を挟んで前後期をそれぞれ文禄・慶長の役と称している。ここではこのうち、義統を中心にその関連した文禄の役の必要事項について、最低限のことを記しておきたい。

朝鮮出兵の軍役

まずその軍役についてみると、義統も名護屋城築城の普請役を果たしているが、これに次ぐ朝鮮への出兵について『甫庵太閤記』の「朝鮮陣軍役之定」によると、四国・九州の大名にあっては知行一万石につき六〇〇人、中国・紀州辺のそれは同五〇〇人、五畿内四〇〇人、以下越後・出羽二〇〇人と、全国を七ブロックに分け、朝鮮に近い九州の大名は過重な負担であったという。これは「毛利家文書」の「高麗へ罷渡御人数事」という史料ともほぼ符合し、その記事内容はほぼ正確であることが分かる。後者の史料によると、全兵力は一番から九番までの九隊に編成され、総計一五万八七〇〇人であった。このうち大友義統軍は六〇〇〇人の出兵で、これを豊前中津城主で先に義統救援に来豊した小寺官兵衛の子、黒田長政の軍五〇〇〇人と合わせ一万一〇〇〇人を以て三番隊を編成させられた。隊長は長政で、義統はこの指揮下に組込まれることとなった。出陣直前の天正十九年（一五九一）八月における『豊後国検地目録』によると、義統の知行は総計二三万六〇二〇石二斗二升であり、若し一万石につき六〇〇人との規準が忠実に履行されたとすれば、一万四一六一人が徴せらるべきである。他の大名の場合も幾分規準を下回ってはいるが、義統軍の場合特に陥没が著しい。

義統軍の軍役軽し

こうした朝鮮の役が、対外侵略戦であるに拘わらず右にみたように出兵規定数一六万人弱ということは、先の島津氏追討に充てた二五万人という数を下回るものであり、さらに実際の出兵数は、この動員令による数を更に下ったものと考えざるを得ない。この際において、義統軍に対する動員数の少なかったことは、彼が長政の指揮下に置かれたことと併せ、秀吉の義統軍に対する評価をそのまま反映するものであったとせねばならない。しかも義統は出陣に際し、その夫人を秀吉の下に質として出すことを命ぜられている（『大友家文書録』）。すでに後年の改易を思わせる厳しい措置であったといわねばならない。

義統夫人、質となる

かくて義統は文禄元年（一五九二）正月、永富鎮並に「渡海之兵具等」一切を整備することを命じた。そして同二月二十一日、義統は家督を嫡子義乗に譲与し、基地とした大分郡の家島（大分県大分市）にこれを住まわせて留守居とし、摂津刑部少輔・寒田志摩入道・小原右馬助の三人に留守中のこと万般の采配を命じた。また夫人のことについては老齢の志賀道輝その他に馳走を命じた（同前）。

親家・親盛も出陣

「豊後侍着到記」（永富文書）によると、義統に従い出陣した主要人物としては、まず弟親家・親盛の二人がある。先の島津氏侵入に手をかして露見し、処分されていた親家もここでは出陣者として返り咲いたわけである。この他志賀親次・佐伯惟定・吉弘統幸等が挙げられよう。さらに出陣者の出身をみると、日田郡が最も多く、次いで玖珠・大分・大野・速見各郡の順となっている。

義統、漢城に入る

こうして三月十二日義統は豊後を発して一旦名護屋に向かい、翌四月長政に従って同地を発し、壱岐を経て釜山に上陸、これより僅か一五日間で早くも首都漢城（ソウル）に入った。小西行長・加藤清正の両人が漢城に入ってより数日後のことである。漢城占領後の日本軍は、次の策として朝鮮八道を九軍の編成に従って分担し、その経略と巡撫の行動を進めることとなった。この際長政・義統の第三軍は、黄海道を分担することとなった。

しかしこうした日本軍に対し、朝鮮側はようやく体制の立直しと、それによる反撃の機を窺って来た。明軍の救援活動は、彼らを一層有利にした。

義統、平壌に入る

一方首都漢城を掌握したわが軍のうち、小西行長・黒田長政・大友義統等の軍は五月、漢城を発し開城を陥して、黄海道を経て平壌に向かった。六月には行長軍が早くも大同江の南岸に達し、遅れて長政・義統軍もこれに合流した。そして大同江北岸の朝鮮軍を撃破してのち、同十五日遂に行長軍が先ず平壌を陥し、長政・義統軍も遅れてこれに入城したのち、行長軍と分かれて黄海道へと軍を戻した。

越えて七月、漢城に石田三成・大谷吉継・増田（ました）長盛等の諸将が集まり、今後の方針について会談した。この際宇喜田秀家は、兵站線が延び過ぎており、今後予測される明軍の来援に備える意味からも、漢城を中心に堅固に防衛すべきであると説いたのに対し、行長は主戦論を展開してこれを聞入れず、遠く平壌府の牡丹台で防衛陣を張った。そしてこれに従った義統及び小早川秀包（ひでかね）等が、それぞれ城を構え布陣した（『大友家文書録』、その他）。

こうした行長の下に、明軍の沈惟敬が和を請うて来た。このため行長はこれを容れた。しかしこれは彼らの計略であって、鴨緑江の凍結を待ち、反撃軍の渡河を容易ならしめるまで、時を稼ごうとするものであった。それとは知らずわが軍が気を緩めている隙に、突如として李如松を将とする明軍二〇万は鴨緑江を渡り、行長の守る平壌を攻撃して来た。文禄二年（一五九三）正月のことである。不意を衝かれた行長は、救援を義統に求めた。ところが義統はその救援を行わなかったばかりか、隊を乱して長政の陣に退却してしまった。戦線を離脱したのである。苦戦に陥った行長は憤慨し、このことを直ちに秀吉に報じた。これを聞くや秀吉は激怒し、遂に義統の改易処分を決したのである。その際福島右馬助長堯・熊谷内蔵允直盛の両人が秀吉の命を奉じて現地に赴き、義統を詰問したうえ、右の処分の申渡しを行なった（同前）。

李如松、小西行長を急襲

義統退却

秀吉、義統を改易

この間の事情について、『大友家文書録』は大要次のように記している。

『大友家文書録』

明軍の来襲を知った行長は、救援を求める使者を義統及び長政・秀包の三人の下に遣わした。しかし長政・秀包の両人は、手兵が僅かであったためこれに応じなかった。一方義統はたまたま長政の陣に軍談のため赴いていた。その留守中の大友軍の下に、明軍の大挙来襲したことをいち早く知った志賀親次（親善）が帰って来てその情報をもたらし、行長もすでに戦死したはずであり、この際退却すべきであると皆に説いた。しかし吉弘統幸は、敵の旗を見ぬうちに退却するのは卑怯であるとして、これに応じようとしなかった。だが親次は現状での防戦は兵力の損失が大であり無意味であるとして、なおも退却を主張して譲らなかった。このため大友軍は、義統の命を得ぬまま退却することとなった。このため行長軍への救援は思いもよらず、ついに行長及び秀吉の怒りをかうに至ったものである。（取意）

つまり大友軍の退却は、義統自身の意によるものではなく、志賀親次といういわば敗北主義者の主張によるもので、これが結局大友氏改易という悲運に繋ったのだ、として義統の立場を弁護している。親次はキリシタンとなり、島津氏の豊後侵略に際しては、殆んどの家臣が義統に叛した中にあって、佐伯惟定と共に義統のために忠節を尽し、島津軍を悩ませた人物であるが、ここでは戦略上のこととはいえ、あの時とは打って変わって退却を主張した、いわば大友氏改易の原因を作った張本人として悪しざまに説かれている。

『大友興廃記』

一方『大友興廃記』は、

当時義統は長政の陣に赴いて留守であった。また志賀親次を初め、佐伯・田原氏等の主要家臣も不在であった。この時富久作(来カ)右衛門尉・上野弥平等七人の足軽大将が相計って、勝手に大友軍を退却せしめ、行長から、ひいては秀吉の不興をかうに至った。(取意)

退却の責任者は義統

としている。これまた義統を庇おうとする点において『大友家文書録』と一致する。志賀親次を卑怯な人物として描こうとする『大友家文書録』は、先述のような島津氏豊後侵略に際しての彼の活躍を嫉む作者の創作であろう。大友軍退却の責任は、内部実態の如何を問わずあげて義統にある。

ただもし行長が義統の他、長政・秀包両人にも救援を求めたにも拘わらず、彼らが救援をしなかったというのが事実であるとするならば、この点については彼らもまた義統と何ら異なるところはなく、従って義統のみが独り改易されたのは不当のように思われる。強いて双方の相違を挙げるなら、義統の戦線離脱―退却にあるであろう。とすれば行長の秀吉に対する報告のしかたにもよるであろうが、やはり根本的には、かねて秀吉

秀吉、義統改易の宿意

に義統改易の宿意があり、この一件はそのための最大の口実であったとみることができよう。この点に関し、義統の改易を命ずる文禄二年（一五九三）五月一日付の秀吉朱印状は次のように記す。

先年島津と取相（抗争）を仕り、大友迷惑を致すの由聞召され候条、御人数御馬を出さるる処、其間をも待請けず、其身に似ず臆病を仕り、居城へも逃入らず、豊前の内妙見・龍王迄逃退候。其時御成敗も有度思召候へ共、日比御意を得られ有る事に候条、不便（不憫）に思召御憐愍を成され、御成敗を止められ候事。（原漢文）

義統に戦線離脱の前科

つまり去る天正十四年（一五八六）の島津氏の豊後侵入に際して、義統が果敢にこれと戦闘をせぬばかりか、領国を棄てて遠く豊前の妙見・龍王城に逃亡した不始末を指摘しているわけである。戦線離脱は今度の朝鮮ばかりでなく、すでに一度この時前科があったのである。そしてこの時、唯一の残された豊後一国について、秀吉は改易の意もあったが、何分頼朝時代以来の名門である故、これを考慮して思い止まったという訳であろう。しかし今や、かつてあれほど一時は友情をさえ感じた宗麟はすでに亡く、その愚息義統の再度に亙るこうした失態を目前にして、秀吉としては決然断固たる処置に出たものと思われる。秀吉はこの同じ朱印状の中で、義統を「豊後の臆病者」と決めつけ、ののしってさえいる。

豊後の臆病者義統

義統、毛利氏に預けらる

こうして義統は文禄二年(一五九三)五月一日を以て、その最後の領国豊後を改易され、死罪を免ぜられたものの、その身柄は皮肉にも大友氏積年の宿敵である毛利輝元の下に預けられることとなり、同月山口の本国寺に入ることとなった。よって義統は剃髪して宗巌と改名し、中庵と号した。遅れて七月、夫人も京都から送られて義統のいる山口に入った。また嫡子で家督となっていた義乗については、「利発者」との理由から僅かに五〇〇人扶持を与えられ、これも加藤清正の下に預けられることとなった(『大友家文書録』、その他)。

一方出陣中の義統の家臣等は、それぞれ生駒近則・蜂須賀家政・黒田長政(黒田孝高の子)・福島正則・戸田民部・立花宗茂(戸次道雪の養子)・毛利吉成等の各大名に現地で配分された。しかし大友氏譜代の家臣の中には、こうした処置に反撥し、病と称するなどして暇を告げ、戦線を離れ帰国する者が少なくなかった(同前)。

義統、佐竹氏の下に送らる

その後義統は文禄三年(一五九四)八月、山口から水戸の佐竹義宣の下に移るよう命ぜられ、翌九月下向した。また義乗も同月加藤清正の下から徳川家康の下に預け替えられ、江戸牛込に窂居することとなった（同前）。義統が山口から水戸に移されたのは、豊後から出来るだけ隔絶した地に移して、一族旧臣との繋りを分断せしめようという狙いであったとみられる。義統の下向に際しては、極めて少数の者がこれに随従することが許され、他の大半の者は暇を出され四散してしまった。一部の者は義統の下向を、途中の尼崎（兵庫県尼崎市）・京都まで見送り、名残りを惜しんだ（同前）。こうして鎌倉初期から、およそ四〇〇年に及ぶ豊後を中心とする大友氏の支配は滅んだのである。

大友氏支配は消滅

二　知行地の分割と復興運動の失敗

太閤検地

一方豊後は、大友氏の改易直後の文禄二年六月、秀吉の蔵入（直轄地）とされた（島津家文書）。そして山口玄蕃允宗永（加賀国〔石川県〕大聖寺城主）と宮部善祥坊桂俊（因幡国〔鳥取県〕鳥取城主）の二人を奉行として、いわゆる太閤検地を実施した。こうした事情が進展する中で、農民の中には新事態に驚愕して逃散する者が少なくなかった。このため秀吉は早速、彼らが旧地に還住（げんじゅう）するよう命じ、それを聞入れず立帰らぬ者は勿論、抱え置く者に対しても厳しく成敗することを明言している（高橋文書、その他）。

この文禄二年（一五九三）の検地の結果、先の天正十九年（一五九一）の検地（実は指出）では二三万六〇二〇石二斗二升であった（西寒田神社文書）ものが、一四万石余り打出されて三七万八五九二石とされた（『豊後国八郡見稲簿』）。ついで翌文禄三年、豊後は次のように小藩に分割された。これが大友氏の復活を阻止すると共に、小藩による相互牽制を目的としたものであることはいうまでもない。

知行地を分割

すなわちその分割は府内（一万三〇〇〇石）を早川長敏、岡（六万六〇〇〇石）を中川秀成、臼杵（六万石）を福原直高、安岐（一万五〇〇〇石）を熊谷直陳（なおのぶ）、富来を筧（かけい）家純、高田（一万五〇〇〇石）を竹中重利、そして日田（二万石）を毛利高政と、結局豊後を七藩に分かつものであった。もっともこの毛利高政の日田配分については、これより先天正十五年（一五八七のことであるとする説もあるが定かでない。なお秀吉は義統の改易に先立ち、格別の計らいをもって田原親賢と宗像（むなかた）鎮続の両人に、それぞれ三〇〇〇石及び二〇〇〇石を与え、中川秀成の旗下に入らしめたという（『大友家文書録』）。ともかくこうして秀吉によって新たに大名とされた連中が、秀吉政権の基礎的軍事力をなした者であることはいうまでもなく、従って当然のことながら、その多くが畿内或いは濃尾地方の出身者であった。その後秀吉政権から、関ケ原合戦後の徳川氏体制へ推移するうち二―三の変遷をみるが、ともかく大友氏改易後、一応右のような分割知行の体制が成立したわけである。

秀吉卒去

その後慶長三年（一五九八）、至上権力を振って大友氏を改易に陥れた秀吉も遂に没した。

義統、赦にあう

このため翌慶長四年閏三月、義統は赦にあい許されて、一時江戸の義乗のところに身を寄せ、ついで上洛して側室伊藤氏、及び子息正照と共に本能寺に寄寓した（『大友家文書録』）。赦免は恐らく徳川家康の奔走による結果であろう。義乗の身柄を預かり、これを嫡子秀忠に臣従せしめていた家康としては、この「人質」を利用して義統を旗下に加え、来るべき秀頼とこれを擁する石田三成との対決に備えようとの深謀があったものとみられる。

義統、家康と入魂

義統もまた家康との連繫によって時運の開くのを期待していたと思われ、双方の利害が一致して両者「万事御入魂（じっこん）」の間柄になっていたという（『大友家文書録』）。勿論秀頼方からの誘いも行われたようであるが、この時点ではやはり策謀にたけた家康方に一日の長があったようである。

そして慶長五年（一六〇〇）、遂に関ケ原の戦の幕が切って落された。ところが家康に呼応

義統、西軍へ転ず

して軍を起こす予定の義統はこの時に至って突如態度を改めてこれにつかず、逆に三成の西軍について行動を起こした。何故にわかにこうした挙に出たのかについて、正照と側室伊藤氏が秀頼方に拉致されたことによるともいうが、真相はよく分からない。のちに述べるように、吉弘統幸の諫止を振り切って義統が西軍につこうとしたというのが事実であるなら、西軍への傾斜は彼の積極的な意志によるとも考えられる。しかしいずれにせよこの間にあって画策したのは、恐らくは毛利輝元であろう。義統はこうして西軍の輝元の指揮の下に周防大畠（おおばたけ）（山口県玖珂郡大畠町）に入り、ここより兵船と百余人の鉄砲隊を授けられて豊後に向けて解纜（かいらん）した。この途次一時立花宗茂の下に身を寄せていた旧臣吉弘統幸が、江戸の義乗のところに赴くため小倉から乗船して周防上関を通過するのに出会った。統幸は義統が西軍として行動しようとすることを聞き、先述のように諸般の事情を説き、東軍につくよう諫めたが義統の聞入れるところとならず、やむなくきびすを返して義統に従い、共に軍事行動することとした。

義統、豊後に入国

こうして義統軍は知行復活の好機として、期待に胸躍らせて速見郡立石（別府市）に下着した。そして八月十二日まず同郡の木付城（杵築市）を攻撃した。当時速見郡は東軍の小倉城主細川忠興の領するところで

石垣原合戦の跡（別府市）

石垣原合戦の戦没者の供養所（別府市）

あって、その臣松井・有吉両氏が木付城を守っていたのである。松井氏は筑前の黒田孝(よし)高(たか)に義統の木付城攻撃を報じた。時に孝高は西軍の熊谷直陳(なおのぶ)の居城安岐城を攻め、留守を守る熊谷半次を攻撃中であったが、この報を聞いて木付城の救援に向かった。これに府内の城主竹中重利の臣不破彦左衛門等も加わり、実相寺山に陣を取った。この時先に岡城主中川氏に仕えていた田原紹忍・宗像掃部は、義統を助くべく中川家の馬印を盗み取り、手勢二－三〇〇人を従えてこれに加わった。

石垣原の合戦

こうして義統はおよそ四〇〇騎をもって石垣原（別府市）に打って出た。大友軍の中に中川家の馬印を見付けた孝高は、中川氏は西軍に加担したものと誤解し、家康に訴えた。このためのち中川氏は身の証(あか)しを立てるため種々弁解し、のちさらに三成与党の臼杵の太田一吉を攻めるなどの苦労を重ねた。

義統降参

それはともかく、この石垣原での黒田氏との合戦で、吉弘統幸初め多くの部下が戦死し、義統は自害を企て田原紹忍に止められるなどして、ついに孝高に降った。石垣原合戦がこれである（『大友義統公軍記』、その他）。孝高はこれを容れ、義統軍を解散させたうえ、義統の身柄を家康の下に送った。家康はこれを出羽（秋田・山形両県）の秋田実季に預けて幽閉し、その後実季の常陸（茨城県）宍戸(ししど)移封に伴われ（渡辺澄夫氏『大分県の歴史』一四七ページ）、

義統卒去

慶長十年（一六〇五）七月十九日同所に没した（『大日本史料』第十編）。

宗麟の長女、火炙りとなる

この他宗麟の子女のうち消息の知られているのは、清田氏の妻となり、入信（マグダレナ）していた長女である。彼女は三十歳で寡婦となり、迫害から長崎に追われて来ていたが、自宅に監禁されたのち、寛永四年（一六二七）火炙りの刑に処せられて果てた（レオン＝パジェス・吉田小五郎訳『日本切支丹宗門史』）。

高家に任ぜらる

その後大友氏は、家の存続は許されて高家に任ぜられた。高家というのは老中に属し、大名に準ずる位置を与えられ、幕府の儀式典礼を司る職名である。武田・畠山・吉良氏等と共に、名門の者がこれを世襲するものとされた。頼朝以来の旧家というところから、幕府としても断絶するに忍びなかったものであろう。

松野氏

この他大友氏では正照流の別家があり、大友氏の名を廃して松野氏を称して肥後熊本藩（細川氏）に仕えた。松野とは「彼の人は時節を待つの人也」と周囲がいい囃したところから、この名字を思い付いたものであるという（田北学氏『増訂編年大友史料』別巻上、七八ページ）。宗麟没後、こうして大友氏は悲運の歴史をたどるのである。旧臣達も或いは牢人となり、或いは新たな主君を得てこれに臣従し、或いは帰農するなどして四散してしまった。

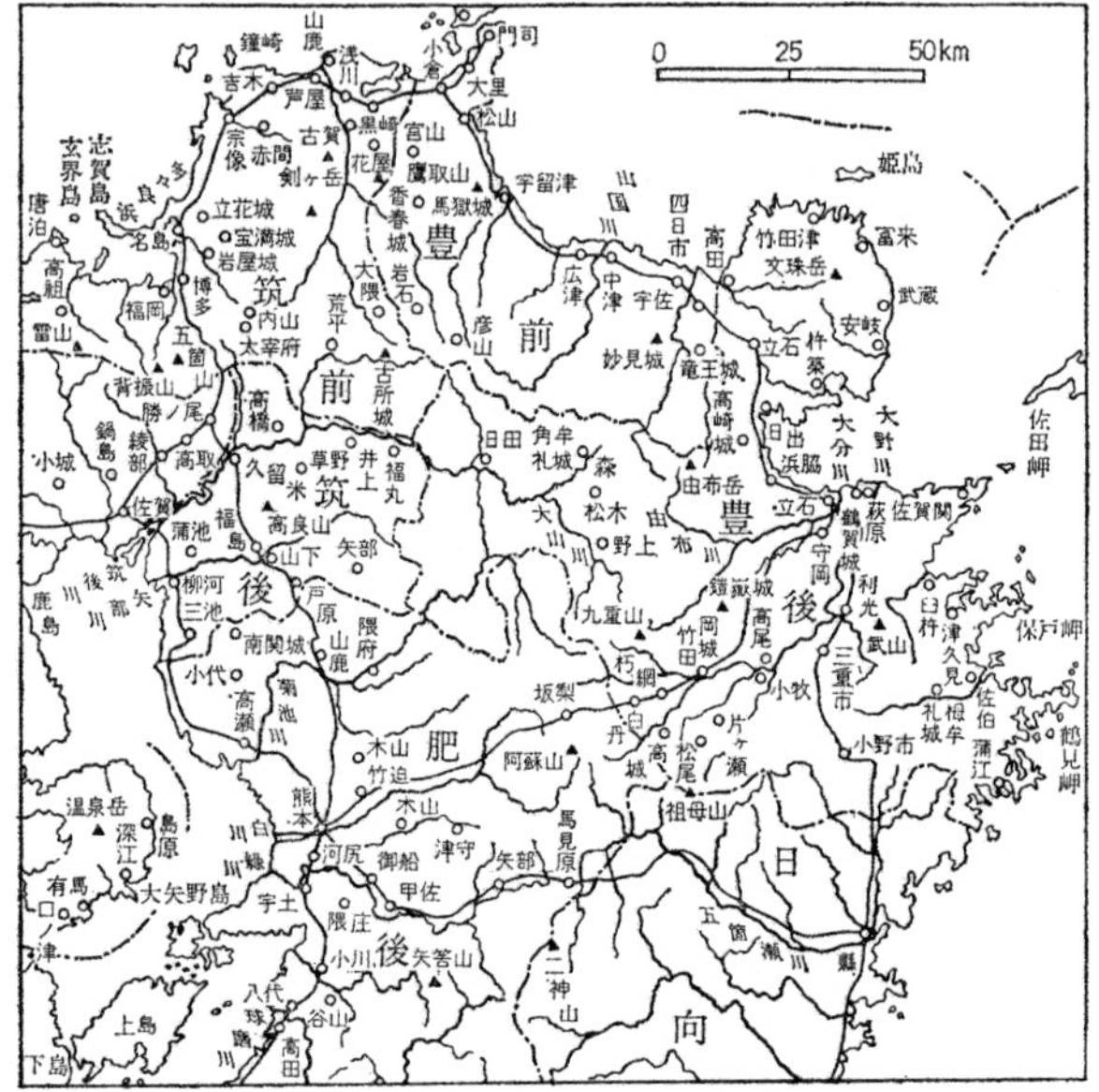

大友宗麟関係地図

大友氏系図

大友氏系図は、今日『続群書類従』（同書第六輯上）所収のものの他、大友家蔵・常楽寺蔵・入江家蔵のもの等数点みることができる。これらは部分的に相互に多少の相違がある。ここではこれらを検討し、その上に立って最も適切と思われる略系図を記すこととする。

なお、系図中のナンバーは家督の順である。また系図によっては九代の氏継を家督と見做さないとする説もある。これに従えば親世以下全て一代繰り上ることとなる。

- 能直[1]
  - 親秀[2]
    - 頼泰[3]
      - 親時[4]
        - 貞親[5]
          - 貞宗[6]
            - 貞順
            - 貞載
            - 宗匡
            - 氏泰[7]
            - 氏宗
            - 氏時[8]
    - 重秀（戸次氏）
    - 能泰（野津原氏）
    - 直重（狭間氏）
    - 頼宗（野津氏）
    - 親重（木付氏）
    - 親泰（田北氏）
  - 能秀（詫磨氏）
  - 時直（帯刀氏）
  - 時景（一万田氏）
  - 秀直（鷹尾氏）
  - 能郷（志賀氏）
  - 泰広（田原氏）

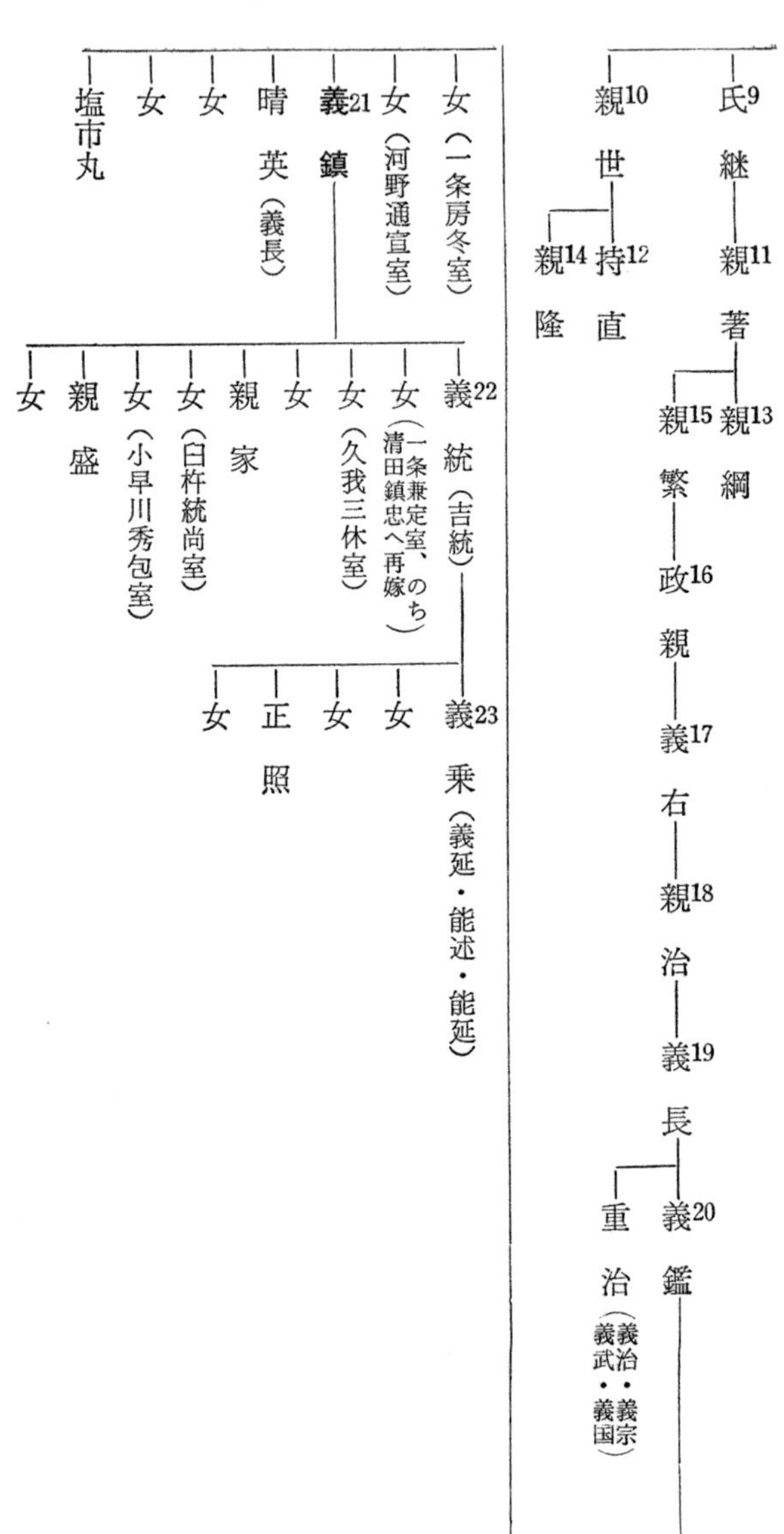

氏9 継
親11 著
親13 綱
親15 繁
政16 親
義17 右
親18 治
義19 長
義20 鑑
重 治（義治・義宗 義武・義国）
親10 世
持12 直
親14 隆
女（一条房冬室）
女（河野通宣室）
義21 鎮
晴 英（義長）
女
女
塩市丸
義22 統（吉統）
女（一条兼定室、のち清田鎮忠へ再嫁）
女（久我三休室）
女
親 家
女（臼杵統尚室）
女（小早川秀包室）
親 盛
女
義23 乗（義延・能述・能延）
女
女
正 照
女

略年譜

年次	西暦	年齢	事項
享禄 三	一五三〇	一	五月四日（或いは大永七年正月三日等ともいう）誕生。義鑑の長男。母は坊城氏（或いは大内義興の女ともいう）。幼名塩法師丸
天文 八	一五三九	一〇	一一月、元服。五郎と称す
九	一五四〇	一一	六月、これより先、将軍足利義晴に諱字を請い、この月これを得て義鎮と名乗る
一五	一五四六	一七	この頃、飛鳥井雅教について蹴鞠を修む
一九	一五五〇	二一	二月一〇日、二階崩の変生じ、義鑑重傷、異母並びに異母弟塩市丸、その他死す○同一二日、義鑑卒去。よって義鎮嗣立す。この後、これに伴い豊後・肥後両国守護職に補す○八月、叔父菊池義武を破り、肥後を征す
二〇	一五五一	二二	九月、ザビエル府内に来り、義鎮に謁す○一一月、ザビエルの出国に際し、ポルトガル国王への親書、及び贈物をこれに託す。また同国インド総督へ表敬のため、家臣を同行派遣せしむ
二一	一五五二	二三	二月、舎弟晴英、大内氏に入嗣す（義長と改名）○八月、宣教師ガゴ府内に来る。義鎮説教を聴き、領内布教を許可

年号	西暦	年齢	事項
天文二二	一五五三	二四	○一月、修道士ペトロ＝ダルカセバの印度への出国に際し、親書を認め、第二回使節を派遣す○閏一月、一万田弾正忠・宗像民部少輔・服部右京亮等の大身三名、義鎮の殺害を謀り、誅せられる○領民に対し、宣教師等への迫害を厳禁す。また宣教師に対し、正式に布教を許可す。領国内の信徒、この年六－七〇〇人に達す
二三	一五五四	二五	八月、五郎に替え、新太郎と称す。ついで肥前国守護職に補す○十一月、菊池義武を敗死せしむ
弘治元	一五五五	二六	ルイス＝デ＝アルメイダ、府内に育児院を設立。また住院、及び礼拝堂建設。府内のキリシタン一五〇〇人を越す○十一月、明使蔣洲、府内に来る
二	一五五六	二七	この年、臼杵丹生島城確認される。佐伯惟教・小原鑑元等の謀叛により、府内を去って丹生島城に逃る。また明使鄭舜功豊後に来り、臼杵海蔵寺に館す○三月、京都大徳寺に瑞峰院を建立寄進○四月、豊前・筑前征服のため、一万二〇〇〇騎を率い、豊前龍王城に赴き、同国を服せしむ
三	一五五七	二八	四月、舎弟大内義長、毛利元就に討たれ、自殺。このためトルレス、日本での布教本部を山口から府内に移す。以後永禄一二年頃まで、毛利氏との間に歴年戦う。トルレス、府内に医院を設け、治療に成果を挙ぐ
永禄元	一五五八	二九	二月、ポルトガル王ドン＝セバスチアン、先王ドン＝ジョアン三世宛義鎮の親書に対し、返書を認む
二	一五五九	三〇	六月、豊前・筑前・筑後各国守護職に補す○閏六月一八日長男義統誕生○一一月九日、九州探題に補し、併せて大内氏家督をも継承。以後隆盛に向かう

三	一五六〇	三一	三月一六日、左衛門督に任ず○一〇月、ガゴ、印度へ向け出国。義鎮、ポルトガル国王、及び同国インド総督宛の贈物を託す
四	一五六一	三二	二男親家誕生○すでに臼杵に移居確認される
五	一五六二	三三	六月末ないし七月初、入道し、宗麟と号す
六	一五六三	三四	将軍足利義輝の相伴衆となる○アルメイダ、臼杵に宗麟を訪ぬ
七	一五六四	三五	七月、毛利元就と一旦和睦○九月、肥前佐賀に龍造寺隆信を攻め、これを降す
八	一五六五	三六	この頃以降、博多商人島井宗室と交遊
九	一五六六	三七	正月、島井宗室、臼杵に赴き、宗麟に謁す○一一月、高橋鑑種、毛利氏に内応し叛す。秋月種実・筑紫広門等これに応ず。よって吉弘鑑理・臼杵鑑速・戸次鑑連等を遣し、これを討たしむ
一〇	一五六七	三八	三男親盛誕生○六月、島井宗室、臼杵に宗麟を訪ぬ○九月三日、筑前秋月休松で、毛利・大友両軍大戦
一一	一五六八	三九	高橋鑑種、毛利氏の援により大友氏となお戦う○四月、龍造寺隆信降る
一二	一五六九	四〇	三月、毛利軍豊前帆柱山に陣し、大友軍の拠る筑前立花城をめぐり攻防す○四月、将軍足利義昭、大友・毛利両氏の和睦を計る○五月、筑前多々良浜・立花表長尾切岸で両軍大戦○九月、博多で両軍大戦○一一月、高橋鑑種降る○一二月、義昭の和睦周旋を断る
元亀元	一五七〇	四一	二月、毛利氏と和睦。毛利氏、豊筑より撤兵。これより、天正六年日向耳川に大敗するまで、全盛期に入る
二	一五七一	四二	戸次鑑連を毛利抑えのため、筑前立花城主として配す○五月、大徳寺怡雲禅師・画家狩野

天亀三	一五七二	四三	源四郎(永徳)・医師吉田牧庵等、豊後に下向す 九月、朝鮮に遣使貿易す
天正元	一五七三	四四	七月、同右
二	一五七四	四五	三月、同右○島井宗室から、軍資金として、銀子一二〇貫目を借用す
三	一五七五	四六	一一月、二男親家受洗(ドン=セバスチアン)。以後、大友氏家臣の入信増加
四	一五七六	四七	一月〜二月初、家督を義統に譲る
五	一五七七	四八	義統の長男義乗誕生○四月七日重臣田原親賢の養子親虎受洗(シマン)。親賢及び宗麟夫人激怒し迫害す。宗麟、苦境に立つ
六	一五七八	四九	三月、日向に出兵○夫人を離婚し、新夫人を迎う○新夫人(ジュリア)及びその子(キンタ)受洗○七月二五日、受洗(ドン=フランシスコ)○自ら日向に出陣○一一月、日向耳川合戦で島津軍に大敗。以後、衰勢に向かう
七	一五七九	五〇	肥前龍造寺氏、筑前秋月氏等叛く○田原親宏、宗麟に旧領返還を要求し、不穏の動きをなす。のち病により急逝○この頃、宗麟・義統不和○義統・重臣等の懇請により、治世再開、再建に乗出す○一二月、田原親貫叛く
八	一五八〇	五一	正月、田北紹鉄叛く○四月、田北紹鉄敗死○九月、巡察使ワリニアーノ、臼杵に宗麟を訪ぬ○一〇月、田原親貫敗死。二男親家、同家の名跡を嗣ぐ○一一月、臼杵にノビシアド(修練院)開設
九	一五八一	五二	正月、府内にコレジヨ(学院)開設○万寿寺焼失
一〇	一五八二	五三	正月二八日、伊東マンショ等の遣欧使節、ワリニアーノに伴われ長崎を出発○三男親盛

			(ドン＝パンタレオン)・長女清田鎮忠夫人(アジェレナ)・甥伊東義賢(バルトロメウ)等受洗○この頃から津久見に隠棲
一二	一五八四	五五	四月三日、条々覚を発す○一〇月一二日、遣欧使節、スペイン・ポルトガル国王フェリペ二世に謁す
一三	一五八五	五六	二月二二日、遣欧使節、教皇グレゴリオ一三世に謁す○志賀親次(親善)受洗(ドン＝パウロ)○立花(戸次)道雪病死
一四	一五八六	五七	三月、宗麟、秀吉に救援を求むべく大坂に向け出発○四月六日、秀吉に謁す○七月二七日、筑前岩屋城主高橋紹運戦死○一一月、島津義久、豊後攻撃のため全軍を義弘・家久の二手に分かち、それぞれ肥後及び日向境から豊後に侵入せしむ。志賀親孝等の重臣ら、島津軍に内応する者多し。○十二月、大分郡の戸次川合戦で家久軍に大敗す。義統は豊後を脱し、豊前龍王城に逃ぐ。救援軍の仙石秀久・長宗我部元親等も脱走す
一五	一五八七	五八	正月、家久軍府内を侵し、次で臼杵に侵入す。丹生島城の「国崩」威力を発揮す。宣教師等殆んど豊後から山口に逃る○二月、府内・臼杵共に灰燼に帰す。領国は殆んど壊滅○三月一日、秀吉、九州征伐のため大坂を出発○三月上旬、秀吉の舎弟秀長、秀吉の先鋒として豊後に入る。この前後より、島津軍撤兵を始む○三月二〇日、大友義統(コンスタンチノ)、夫人(ジュスタ)・長男義乗(フルゼンシオ)・女(マシマ、ザビナ)と共に一家受洗○三月二八日、秀吉九州に入り、小倉へ第一歩を印す○五月六日、津久見に病没(他に五月二三日臼杵に病没との説あり)

主要参考文献

一　史料

田北学編『大友史料』第一・二輯　昭和一二・一三年　金洋堂書店

同『編年大友史料』正和以前・自正和二年至正平六年　昭和一七・二一年　冨山房

同『続大友史料』一～六巻　昭和三〇～三二年　自費

同『続編年大友史料』一～一〇巻　昭和三一～三四年　自費

同『増補訂正編年大友史料』一～三三巻・別巻上下　昭和三七～五四年　自費

大分県史料刊行会『大分県史料』1～25　昭和二六～三九年　大分県立教育研究所

（ただし、一部に考古・民俗・各藩・近世庶民・先賢等の史料を含む）

大分県教育委員会『大分県史料』26～34　昭和四九～五六年　大分県中世文書研究会

渡辺澄夫・芥川龍男共編『戦国文書聚影・大友氏』　昭和四九年　柏書房

村上直次郎訳注『耶蘇会士日本通信豊後篇』上・下　昭和一一年　帝国教育出版部

同『耶蘇会の日本年報』上・下　昭和一八・一九年　拓文堂・春秋社松柏館

ルイス＝フロイス 木下杢太郎訳『日本書翰』 昭和六年 第一書房

東大史料編纂所『天正遣欧使節関係史料』一・二（『大日本史料』第十一編別巻之一・二） 昭和三四・三六年 東大出版会

ワリニアーノ著 松田・佐久間共編訳『日本巡察記』 昭和四〇年 桃源社

ルイス＝フロイス 柳谷武夫訳『日本史』一〜五 昭和三八〜五三年 平凡社

ルイス＝フロイス 松田・川崎共訳『日本史』一〜一二 昭和五二〜五五年 中央公論社

デ＝サンデ 泉井・長沢共訳 三谷・角南『天正遣欧使節記』 昭和四四年 雄松堂

村上直次郎訳注 柳谷武夫編『イエズス会士日本通信、豊後・下篇』上・下 昭和四三・四四年 雄松堂

同『イエズス会日本年報』上・下 昭和四四年 雄松堂

二　江戸時代の著作

杉谷宗重『大友興廃記』寛永年間 昭和一一年 大分県郷土史料刊行会

未詳『大友記』未詳 同 同

未詳『豊筑乱記』未詳 同 同

中島魯直『両　豊　記』明和年間か　昭和一一年　大分県郷土史料刊行会

友松玄益『九州治乱記』元禄十二年以前　昭和五年　大分県史蹟研究会

（以上『大分県郷土史料集成』上・戦記篇に所収）

戸倉貞則『豊府紀聞』元禄年間　昭和五年　郷土史蹟伝説研究会

唐橋世済他『豊後国志』享和二年　昭和六年　二豊文献研究会

三　明治以降の著作

I　直接大友宗麟を取り扱ったもの

田島大機『筑紫将軍大友宗麟建勲史』　昭和四年　九州国史宣伝会

佐藤緑平『大友宗麟』　昭和六年　大分新聞出版部

久多羅木儀一郎『大友宗麟公』　昭和一一年　北海部郡教育会

松田毅一『きりしたん大名大友宗麟』　昭和二二年　中央出版社

白水甲二『きりしたん大名大友宗麟』　昭和四五年　春秋社

渡辺澄夫『キリシタン大名大友宗麟』　昭和五三年　大分合同新聞社

II　その他関連するもの

松田毅一『天正少年使節』　昭和四〇年　角川書店

芥川龍男『豊後大友氏』　昭和四七年　新人物往来社

狭間久『豊後大友物語』　昭和四八年　大分合同新聞社

久多羅木儀一郎『大分県海外交通史』　昭和一〇年　大分あづさ会

大分市史編纂委員会『大分市史』上巻　昭和三〇年　大分市役所

大分県史刊行委員会『大分県政史、風土・沿革・通史篇』　昭和三一年　大分県

渡辺澄夫『豊後大友氏の研究』　昭和五六年　第一法規

大分県総務課『大分県史』中世編I　昭和五七年　大分県

外山幹夫『大名領国形成過程の研究——豊後大友氏の場合——』　昭和五八年　雄山閣

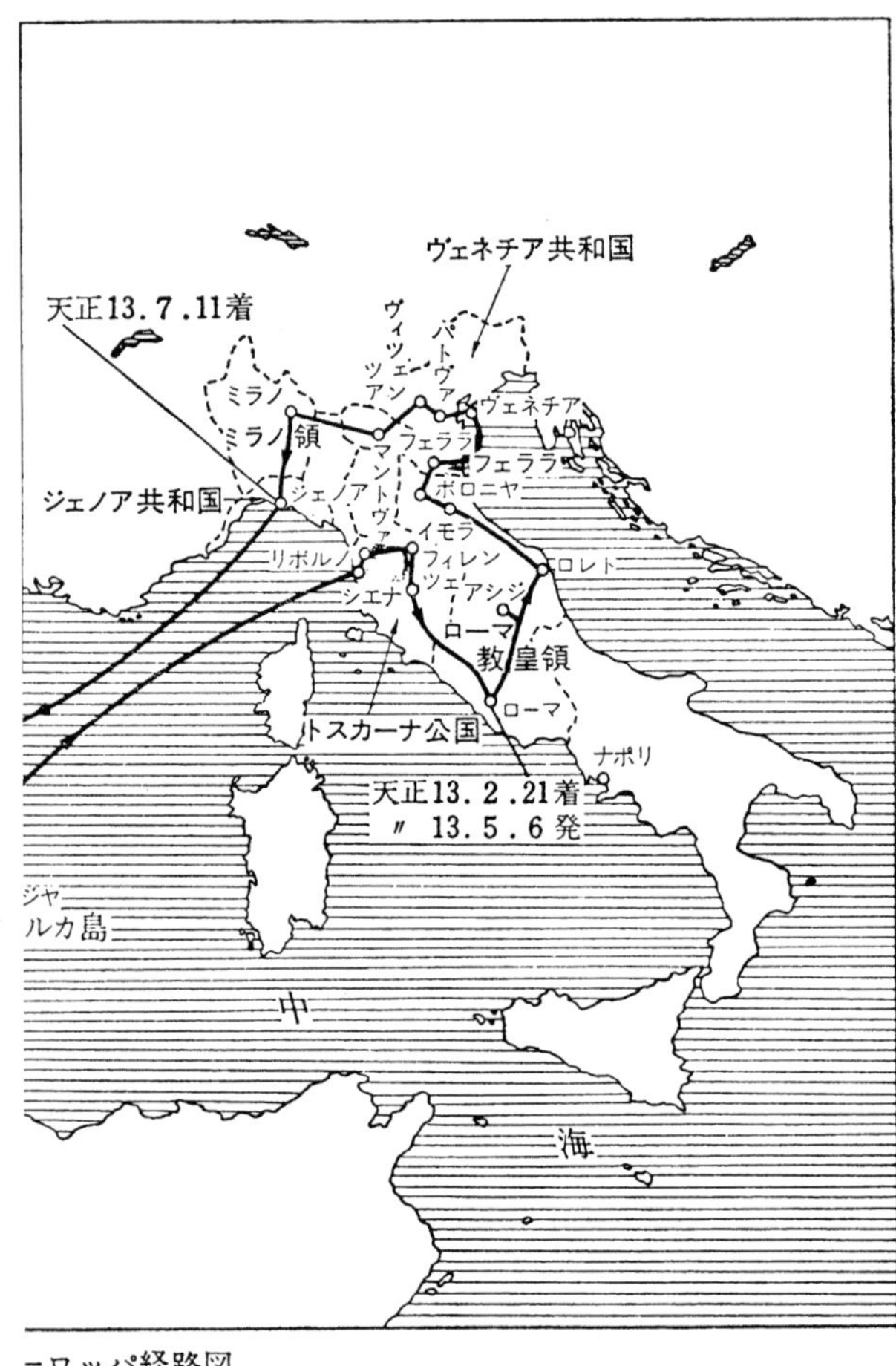

ーロッパ経路図
うち、某日発とするのが往路、某日着とするのが帰路を示す。

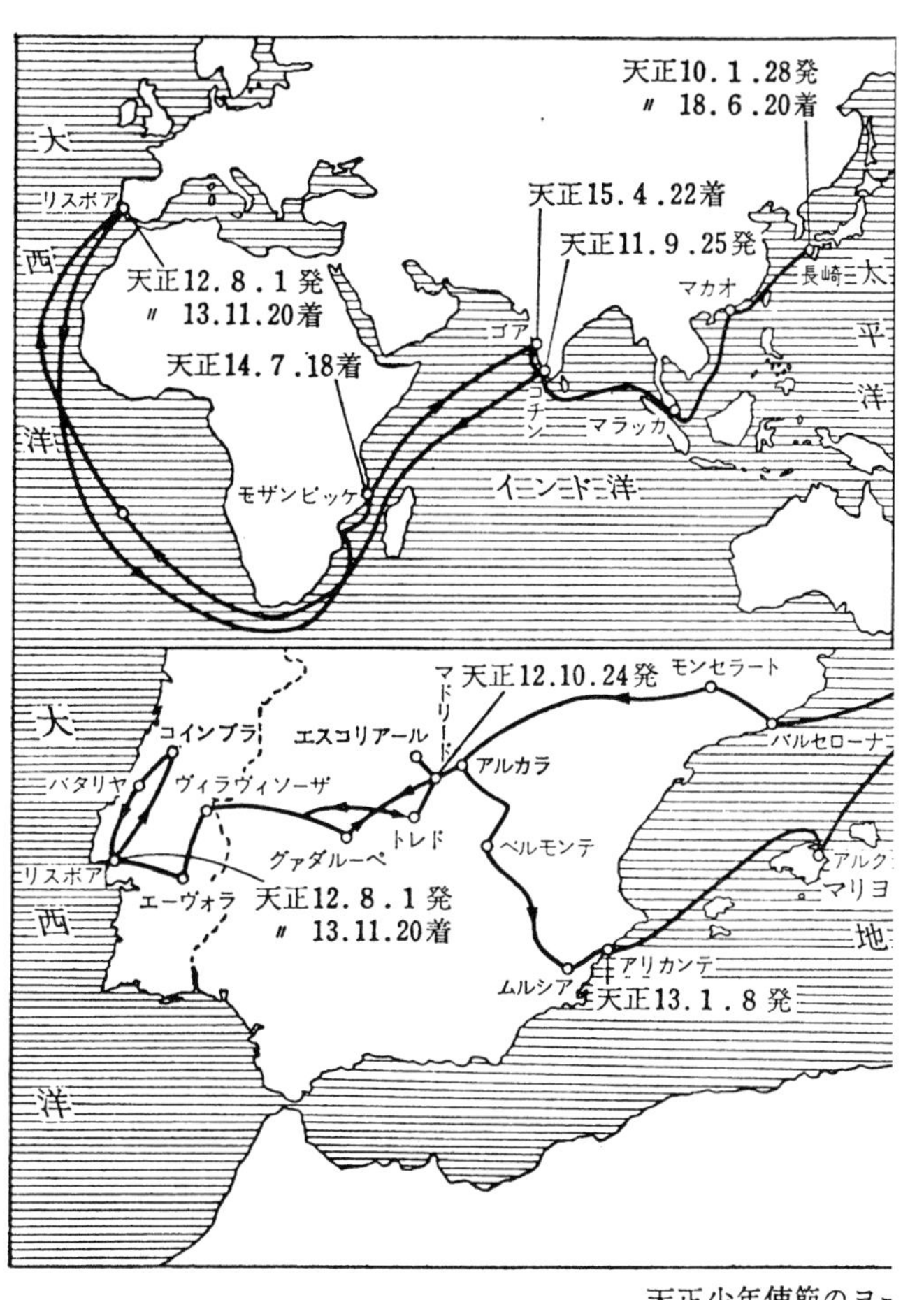

天正少年使節のヨ-

松田毅一氏『天正少年使節』の折込み図版を参照。加筆した日付の

著者略歴

昭和七年長崎市生れ
昭和三十年広島大学文学部史学科卒業
昭和三十六年広島大学大学院(博士課程)国史専攻単位修了
長崎大学教育学部教授等を経て
現在　長崎大学名誉教授、文学博士

主要著書
大名領国形成過程の研究　中世九州社会史の研究　中世の九州　大村純忠　長崎県の教育史　松浦氏と平戸貿易　長崎奉行　長崎歴史の旅　もう一つの維新史

人物叢書　新装版

大友宗麟

一九七五年(昭和五十)二月二十日　第一版第一刷発行
一九八八年(昭和六十三)十二月一日　新装版第一刷発行
二〇〇六年(平成十八)十月十日　新装版第四刷発行

著　者　外山幹夫(とやまみきお)
編集者　日本歴史学会
代表者　平野邦雄
発行者　前田求恭

発行所　株式会社　吉川弘文館
東京都文京区本郷七丁目二番八号
郵便番号一一三—〇〇三三
電話〇三—三八一三—九一五一〈代表〉
振替口座〇〇一〇〇—五—二四四
http://www.yoshikawa-k.co.jp/
印刷＝株式会社 平文社
製本＝ナショナル製本協同組合

『人物叢書』（新装版）刊行のことば

人物叢書は、個人が埋没された歴史書が盛行した時代に、「歴史を動かすものは人間である。個人の伝記が明らかにされないで、歴史の叙述は完全であり得ない」という信念のもとに、専門学者に執筆を依頼し、日本歴史学会が編集し、吉川弘文館が刊行した一大伝記集である。

幸いに読書界の支持を得て、百冊刊行の折には菊池寛賞を授けられる栄誉に浴した。

しかし発行以来すでに四半世紀を経過し、長期品切れ本が増加し、読書界の要望にそい得ない状態にもなったので、この際既刊本の体裁を一新して再編成し、定期的に配本できるような方策をとることにした。既刊本は一八四冊であるが、まだ未刊である重要人物の伝記についても鋭意刊行を進める方針であり、その体裁も新形式をとることとした。

こうして刊行当初の精神に思いを致し、人物叢書を蘇らせようとするのが、今回の企図である。大方のご支援を得ることができれば幸せである。

昭和六十年五月

日本歴史学会
代表者　坂本太郎

〈オンデマンド版〉

大友宗麟

人物叢書　新装版

2020年（令和2）11月1日　発行

著　者　外山幹夫（とやまみきお）

編集者　日本歴史学会
代表者　藤田　覚

発行者　吉川道郎

発行所　株式会社　吉川弘文館
〒113-0033　東京都文京区本郷7丁目2番8号
TEL　03-3813-9151〈代表〉
URL　http://www.yoshikawa-k.co.jp/

印刷・製本　大日本印刷株式会社

外山幹夫（1932～2013）

ISBN978-4-642-75139-1